好きなことだけして楽をしながら起業しよう

[illegible]桐実央

マイナビ新書

はじめに

最近、「人生100年時代」と言われるようになり、定年後の仕事の選択肢として、〝起業〟が注目を集めているのを肌で感じています。

私が、シニア層の方々が充実した第二の人生を送るために起業のお手伝いをしたいと考え、今の会社「銀座セカンドライフ」を立ち上げて、10年が経ちました。

その間、高齢化はさらに進み、さまざまな課題が指摘される中、第二の人生としてシニア起業を選択する人が増えています。また本書でも触れますが、国や自治体もシニア起業のサポートや環境づくりに積極的です。

銀座セカンドライフでは、毎月150件を超える起業相談を受け、これまで支援してきた方の数は、すでに7000人を超えました。

そもそも、なぜ私が起業したのか――そのきっかけをお話ししたいと思います。

私は大学卒業後、大手企業に就職し、希望していた法務関係の仕事をしていました。ちょうどそのころ、祖母が認知症になりました。両親が共稼ぎで、小さいころから祖母が面倒を見てくれていましたし、一人っ子ということもあり、おばあちゃん子として育ちました。そんな大好きな祖母が、孫である私のことがわからなくなるような状況に直面し、介護をしながら申し訳ない気持ちが生まれてくるのを抑えることができませんでした。

もともと祖母は東京・亀戸で小料理屋を経営していたのですが、私の世話のために、店を畳んでいました。「もし愛着を持っていた小料理屋を続けていたら、元気で充実した時間を過ごせたのでは……」とセカンドライフの重要性を痛感したのです。

それがきっかけで、シニア世代の方が、一生を通じて生きがいを感じ、充実した生活を実現するための支援がしたいと思い始めました。具体的には、シニア起業の支援に携わることを考え、転職して会計や金融の経験を積み、行政書士やファイナンシャルプランナーの資格を取得し、現在の事業を立ち上げたのです。

それから、多くの方が起業していく姿を見てきましたが、初めて相談に来た時は「自分には何もスキルがないから」と、不安で起業を見送ろうとしていた方が、今では「自分の強み」を見出し、起業して楽しそうに事業の話をしています。

またテレビや新聞などから、成功しているシニア起業家の紹介を依頼されることがあります。インタビューを聞いていると、私自身が「そんなに事業が広がっていたの？」と驚くこともあります。このような方は、決して一握りの方ではありません。多くの方がシニア起業を成功させ、人生を楽しんでいるのです。


起業は、多くの人にとって初めての経験だと思います。「何の事業で起業すればいいのかわからない」「やっぱりもう少し時期を待った方がいいのでは」といった不安の多くは、情報不足や周りに相談する相手がいないことからくるものだと思います。

実際に、一人で考え込んでいても、なかなか結論は導き出せません。アイデアがどれだけ素晴らしくても、形にする方法を知らなければ、いつまで経っても紙の上の計画に過ぎません。

しかし、シニア起業の本質を理解し、自分のできることや強みを知り、最大限に活かすことができれば——状況は大きく変わります。

「もしかしたら、自分にもできることがあるかもしれない」「大げさに考えなくてもいいのかもしれない」、そう思えることができれば、好きなことだけして働きたいだけ働ける人生を実現することができるでしょう。これまでの知識や経験を活かし、社会に貢献することは難しいことではありません。

そして、私はそのお手伝いができることを、とても幸せに思っています。シニア起業とは、どんなものなのか。どんな魅力があるのか。どのように準備をして行動をすれば成功するのか。これまで私が見てきたシニア起業の方々のノウハウをたっぷりと紹介したいと思います。

好きなことだけして
楽をしながら起業しよう

目次

第1章　第二の人生に起業をすすめる理由

第2章　私が見てきた成功した人たち

第3章　シニア起業で成功する人の特徴

第4章　シニア起業で失敗する人の要因

第5章　シニア起業で成功するのは○○な人

第6章　シニア起業の始め方

第1章

第二の人生に起業をすすめる理由

シニア起業に興味を持つ人が増えてきた

ここ最近、第二の人生として「起業」を選択するシニア層が増加しています。世界の経営学者が実施する「グローバル・アントレプレナーシップ・モニター（GEM）調査」によると、日本のシニア（55～64歳）起業家は2015年時点で約63万人で、10年前の約37万人から約7割増加しているそうです。

長年、起業支援に携わっている私自身の肌感覚としても、シニア起業に興味を持つ人のすそ野が広がっているように感じます。東京・銀座に構えている「銀座セカンドライフ」のオフィスには、毎日のように相談者が訪れ、隣接するレンタルオフィスでは〝先輩〟起業家がいきいきと働いています。

私が事業を始めた10年前を振り返ると、定年後に起業を考える人は一握り。すでに「やりたいこと」を持ち、起業ビジョンを固めている人が相談に訪れたものでした。

さらに印象的だったのは、行政の対応です。シニア起業支援の事業を始める旨を話したところ、「せっかく働き終えたのに、わざわざ起業したいと思う人なんているの？　引退したいと考えているのが普通でしょう」と首を傾げられました。

それが5年前くらいからでしょうか、セカンドライフに起業を選択肢の一つとして検討する方が顕著に増えました。具体案を持たなくとも、「何かできることはないか」「何かやってみたい」という起業に関心を持つ人が多くなったからです。定年前から起業を目指し、50代で早期退職する人が増えたのもここ数年のこと。起業への関心はますます高まるばかりです。

「人生100年時代」がやってきた

その背景には、「セカンドライフの長期化」があります。2016年の日本人の平均寿命は男性80歳、女性が87歳となり、「超高齢社会」と叫ばれて久しいですが、寿命が延びることで、定年後の時間がどんどん長くなっています。

昨今「人生100年時代」という言葉がブームになりました。英国ロンドンビジネススクール教授のリンダ・グラットン氏が、長寿時代の生活を説き、日本でも大ベストセラーになった書籍『LIFE　SHIFT（ライフ・シフト）』で提言した言葉です。

グラットン氏は本の中で、寿命が100歳を超えるようになれば、これまでの寿命80歳前後の人生設計を見直す必要があると語っています。これまでの人生は、学校や大学で学ぶ10〜20代の「教育の時期」、就職をして働く30〜60代は「仕事に専念する時期」、そして最後に仕事を退いた後の「引退の時期」の3つのステージでした。

寿命が長くなり、健康で自立して生活できる健康寿命も延びた今、「引退の期間を短くして、仕事に専念する時期を長く取る」ケースを紹介しています。定年後に40年も残っているとなれば、〝引退〟している場合ではなくなりますね。

日本では「人生100年時代」が、2017年の新語・流行語大賞にノミネートされたこともあり、「まだまだ働く必要がありそうだ」「このままじゃ、やっていけないかも……」と感じた人も多いでしょう。

100歳まで生きることを前提に考えれば、まず「年金だけでは足りない」という社会保障や貯蓄への不安が出てきます。元気に働ける60代で定年を迎えることにギャップを感じる方も多いでしょう。「働けるうちはいつまでも働きたい」と思う方が増え、どうせ働くなら、やりがいを持って働きたいといったニーズが出てくるのは間違いありません。

定年後の3つの選択肢「再就職」「再雇用」「起業」

実際に、多くの方は定年後の選択肢を「再就職」「再雇用」「起業」から、天秤にかけて選んでいるようです。最初から「起業がしたい」と強い希望を持っている方はまだまだ少数派。定年後も働き続け、やりがいのある仕事をするなら、どれが自分に向いているのか見定めた結果、「起業」を選ぶ方が増えています。

「再就職」では、そもそも再就職が難しかったり、経験が活かせず断念したり、希望年収が合わずに諦める方が多いです。「再雇用」の場合、収入が大きくカットされることへの不安や不満、さらに部下が上司になることへの違和感、これまで携わってきた仕事の前線から外されてモチベーションが低下するなどのミスマッチから躊躇する方が多くなっています。

定年前の50代の場合、定年を現実のこととして実感することが増える中で、今後の出世や収入などの先行きが見えてきたことや、退職後の再就職が難しいことをきっかけに、起業を考え始める方もいます。

2013年4月の改正で、60歳の定年後も希望者全員を雇用することを企業に義務づけた、「高年齢者雇用安定法」も影響しています。「再雇用が義務化されたのなら、起業する人が減るのでは」と思うかもしれませんが、現実にはその反対のことが起こっています。

再雇用が義務化される前は、「とりあえず定年まで勤め、その後にセカンドライフを考えよう」という流れが一般的でした。それが、義務化されたことによって、在職中に再雇用を受けるか退職するかを決めるようになってきたのです。

これまで以上に早い段階から、身の振り方を考えるようになったことで、セカンドライフに向けた準備期間も大幅に伸びました。

その中で、これまでに習得してきた知識や技能、経験を活かして、自分のできる範囲内で仕事を続け、現役として社会とつながっていられる「起業」は、いきいきと働き続ける3つ目の選択肢としてスポットライトが当たっているのです。

人生100年時代、どんな風に働き続けて、やりがいに結びつけていくのか、考えていきましょう。

ゆる起業で起業をもっと身近に

「起業」というと、「自分には大それたことだ」「自分の性格には向いていない」「バリバリ働きたくない」といったイメージを持つ方も少なくありません。

でも、ちょっと待ってください。そのイメージは、メディアで華々しく取り上げられる有名な起業家だったり、壮大なビジョンを掲げて上場を目指しているような若い起業家だったりするのではないでしょうか?

起業をまるで〝清水の舞台から飛び降りる〟かのようにハードルを上げて捉えている方も多いのですが、50~60代からの起業は、もっと「ゆるり」としたものです。これは〝適当〟という意味ではなく、自分の幸せや充実感などを得るために、自分の好きな仕事を、自分のペースで進め、適度な収入を得る、ということ。

「収入より、やりがいを重視」「身の丈の範囲で仕事をする」「事業を拡大するより事業を継続させよう」といった思いでスタートする起業を、私は「ゆる起業」として提唱しています。

〈ゆる起業の5原則〉

①楽しいと思える
②やりがいを感じる
③経験を活かす
④利益を追求しない
⑤健康が一番

①楽しいと思える

何よりも〝楽しい〟と思えることを重視すること、それが「ゆる起業」の第1原則です。「社会とのつながりが欲しい」「人生を楽しみたいから」など、働く理由はワクワク感を重視します。現役時代のように、仕事優先で毎日を過ごすことが目的ではなく、楽しいと思える分野で、楽しいと思える範囲内でチャレンジすることが大切です。

②やりがいを感じる

第2原則は、事業内容に〝やりがい〟を感じられるかどうか。「周囲から必要とされる仕事」を見つけることができれば、やりがいにつながります。その逆は、相手にペコペコと頭を下げることです。周囲におもねることなく、「好きな相手と仕事をする」「社会から求められる仕事をする」ことでモチベーション高く仕事をしましょう。

③経験を活かす

第3原則は、これまでに得たノウハウを活かし、〝得意分野〟で起業することです。リスクの多い未経験分野は、いくら興味があってもビジネスにはしにくいものです。ゆる起業に、「一か八か」のハラハラは必要ありません。前職で培った実績やスキル、人脈を最大限に活かせる分野を選ぶことで、安定的に事業を続けることができますし、楽しむ余裕も生まれます。豊富な人生経験と実務経験はシニア起業の大切な資産なのです。

④利益を追求しない

もしかしたら、「たくさん稼がないと起業じゃない」、そう思っている方もいるでしょう。事業拡大、はたまた株式上場を目指すことが起業だと考えている方もいるかもしれません。しかし、ゆる起業では、売上や利益の拡大を目指すのではなく、「お金は後からついてくる」と意識することが第4原則です。

稼ぐことが第一目的ではないので、経費がかかる雇用はできるだけ避け、基本的に一人で起業して、自分のペースや意思で進めることを重視します。事業規模は身の丈にあったものですから、投資は無理なく回収できる範囲で行いましょう。

そうすることで、失敗するリスクを抑えることができます。たくさん稼ぐというより、好きなことをしながらお金をいただく、というイメージです。

⑤健康が一番

最後の第5原則は、「健康第一」をモットーにすること。バリバリ働いてきた経験はすでに十分あると思いますので、起業後は無理をしない働き方が大切です。寝食を忘れて、仕事に打ち込んだのは過去の話。体力的に厳しくなってきたら、仕事の分量を減らすなどして調整しましょう。「自分はここまで」と線引きをするなど、やれることを絞り込んだ方が、息の長い仕事になるはずです。

「ゆる起業」の5原則を知ると、拍子抜けする人もいるかもしれません。大それたことをする覚悟や気負いはいらないと分かれば、もっと起業を身近に感じられるはずです。

シニア起業はお金じゃない

実際に、手元にある開業動機のデータ（日本政策金融公庫総合研究所、シニア起業家の開業〜２０１２年度「新規開業実態調査」から〜）を紹介すると、55歳以上で起業した人の動機は「仕事や経験・知識や資格を活かしたかった」がトップで半数以上。さらに「社会に役立つ仕事がしたかった」「年齢や性別に関係なく仕事がしたかった」が上位3項目に挙がっています。

つまり、金銭的報酬を得る目的以上に、やりがいや自己実現、働くことに年齢制限がないことを起業理由に掲げていることが、シニア起業の大きな特徴です。どちらかというと、収入は「家計を維持できるだけあれば十分」と考える方が多く、それよりも「人の役に立ちたい」「失敗のリスクを避けたい」と思っている方が大半です。

私のオフィスにご相談に来る方の中には、何かしてみたいと思っているものの、起業家の〝ギラギラ〟したイメージを嫌って、躊躇する方も多くいます。

そのため、同年代の起業家の開業動機が、やりがいや社会貢献であることを伝えると、皆さん一様に安心した表情になります。「背中を押された」と前向きに考えるようになり、起業を自分事として捉えられるようになっていくのです。

このように、一般的な起業と違い、50〜60代からの起業には3つの特徴があります。

1つ目は「一人で起業する」ことです。仲間とともに起業する方もいますが、9割以上が自分のペースで進められる一人起業を選びます。2つ目は、「収入よりやりがいを重視」することが挙げられます。人から感謝され、地域や社会のために貢献することを優先する傾向が強いです。3つ目は、「事業拡大より事業継続」を目指すことでしょう。

一般的な起業の成功は、株式上場や従業員数、売上の増加を指すかもしれません。しかし、同じ起業でも、50〜60代の方は事業を起こして「一攫千金」を狙うといったものではなく、私生活とのバランスを考えながら、〝細く長く〟働くことに力を入れていく起業スタイルが多いです。シニア起業を目指す人は、豊かな経験と人脈を活かし、無理せず、「ローリスク、ローリターン」を基本にしているといえるでしょう。

具体的な例として、70代のAさん（女性）を紹介しましょう。

60代のときに、前職での筆耕の経験を活かし、東京・銀座に筆ペン教室を開設しました。生徒数は初め数人だったのが80名近くに増え、開校して10年になりました。自分のできる範囲ということで、週2回、夕方5時から夜9時まで教えています。

いつまでも夜遅くまで働くことを、周囲は心配しているそうですが、ご本人はそれが本当に楽しみで、生活の一部になっているようです。

実は70歳を機に事業を閉じることも考えたそうですが、「毎週生徒さんが来てくれるし、美しい字を書けるようになったと喜んで感謝されると、辞めるに辞められないのよね」と笑っておっしゃいます。

このように、ゆる起業で仕事を人生の一部にし、身の丈に合ったやり方で、セカンドライフをいきいきと輝かせることは、とても素晴らしいことだと思います。

どんな人が「ゆる起業」に向いているのか

では、誰もがみな起業を目指して、輝けるものなのでしょうか。「そもそも自分に事業を起こすだけの資質があるのか……」。起業相談に来る方の中には、起業を実現できる能力や起業精神が備わっているか不安に思う方もいます。そこで、私が相談を受けた経験をもとに、起業に向いているタイプをまとめてみました。

次の5つの項目のうち、1つでも当てはまるものがあれば、ぜひ起業に挑戦してもらいたいと思います。まだ具体的なビジネスプランを持っていなくても、「仕事の経験や知識を活かして働きたい」「社会に役立ちたい」「働けるうちは働きたい」という気持ちを持っている人は、起業も選択肢の一つと考え、チェックしてみてください。

□責任感がある

請け負った仕事は、「最後までやり遂げる」ということがとても大切です。組織の中では、上司や部下などに協力を仰ぎながら自分に与えられた役割をまっとうしますが、起業家の場合、特に50～60代では一人で起業するケースが多いため、一人で責任を持って、実行しなければなりません。

約束したことを守る、自分が発した言葉や行動に対して責任を果たそうとする気持ちが強い人は、起業向きです。

□自律している

「律」には「規範やルール」といった意味があります。起業すると、人から指示されることはありません。自分で規範やルールを決め、それにしたがって判断・決断し、行動する必要があります。そのため、自分なりの価値基準や信条、理念をしっかりと持っておくことが大事です。

自分で「方向づけ」しながら進んでいけるかどうかは、事業を続けていくうえで要の部分になります。

□夢がある

「商品やサービスを社会に広めたい」「この事業で世の中を良くしたい」などの願望を強く持っているのなら、起業向きと言えます。「やってみたいことがある」「長年温めてきたアイデアを実現したい」というのは、重要な要素です。

別段、大きな夢である必要はなく、世の中に溢れた商品やサービスであっても、工夫なり販売ルートを変えるなりして自分自身でやってみたいという思いで十分です。

□自分の力を試したい

成功も失敗も自分次第。自分の行ったことが、直接結果につながるので、一層やりがいを感じられます。これまでの会社の看板やブランド力を外して、自分で納得のいくまでとことんやりたいという人にもぴったりです。

□仕事を楽しめる

起業をすると公私の境界があいまいになり、仕事と私生活が重なる部分が出てきます。仕事を私生活から切り分けることが難しいため、毎日やっていても苦にならない、楽しめる要素を持っているのなら、事業にすることをおすすめします。

起業アイデアはどうやって見つけるのか

営業職で活躍し、取締役になった男性が、定年後に相談に訪れました。開口一番、「自分には何もない」とおっしゃるのです。「起業はしたいが、自分の強みが何か分からない」と頭を悩ませていました。

このように、自分の長所や強みに気づいていない方、また気づいていても起業のアイデアにつながらない方は多いです。

そのような場合には、起業を考える際にヒントとなる「3つの円」を使って、起業のアイデアを発掘しましょう。

まずは、これまで歩んできた人生を振り返り、「自分のできること、得意・強みだと思うこと」「自分のやりたいこと、好きなこと」を洗い出してください。そして、その中から、「お金になること、市場性があること」が何かを考えます。

この3つの円がすべて重なった部分で起業すると成功する確率がぐんと上がりま

3つの円

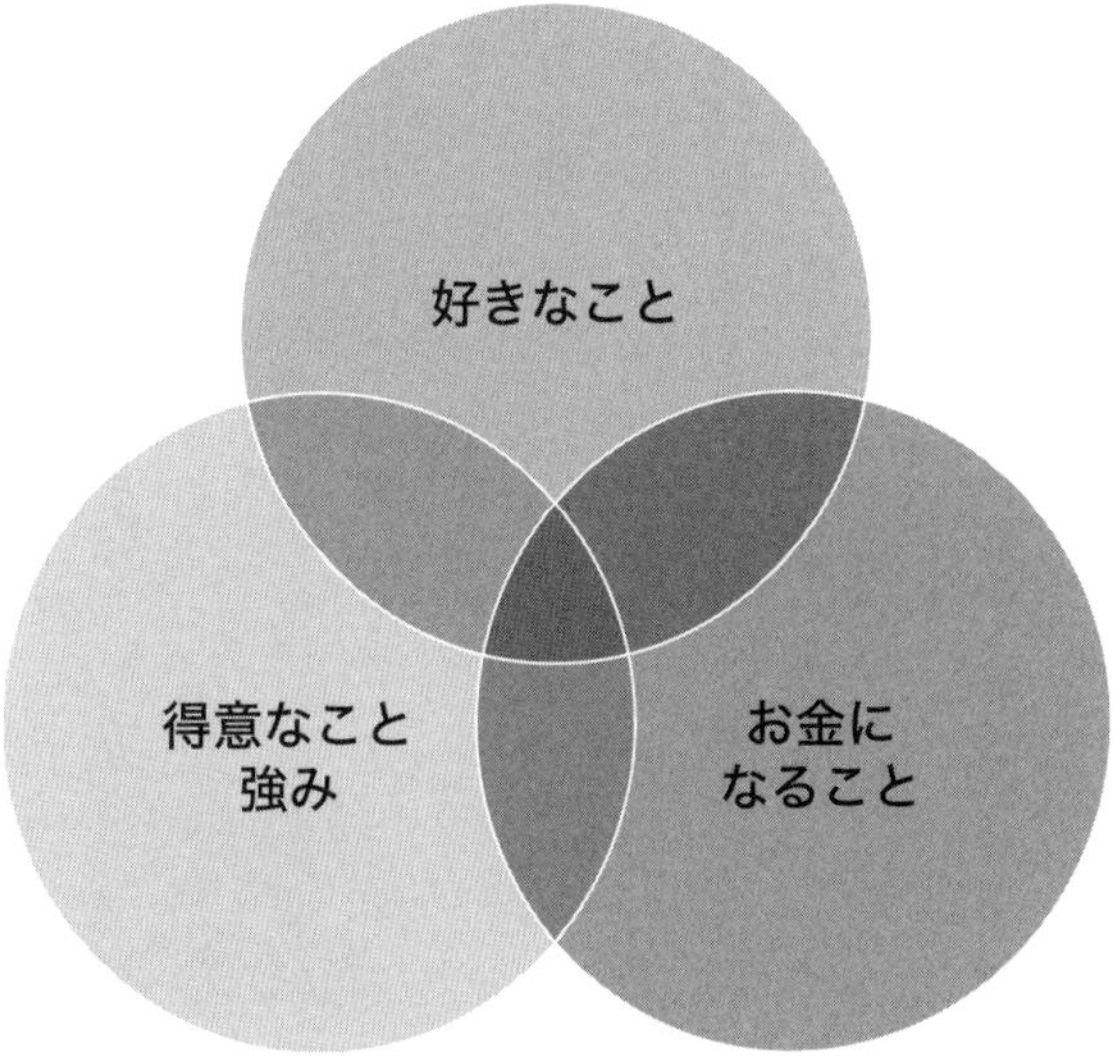

【自分が好きなこと】
【得意だと思うこと・強みだと思うこと】
を考えます。さらに、その中から
【お金を生み出すもの（市場性）】
を探してください。

この３つの観点で重なり合ったところで起業すると、成功する確率が上がります。

す。

起業の一歩は、自分を知ることからです。一見単純ですが、自己分析をすることで得意分野を探し出すと、「起業すべきでない」分野も見えてきます。

それぞれの円について書き出し、検討することで、これまで気づかなかった多くの発見があるはずです。

①強みを見つける

それでは、3つの円の左下、まず得意な分野の洗い出しからスタートしましょう。自分ができること、得意なことをリストアップします。これまでのご自身の業務経験から得たこと、資格や趣味などを思いつく限り書き出し、「自己の棚卸し」をしてください。

なかなか思い出せないという方は、社会人になってから「人から褒められたこと」「営業成績」「表彰されたこと」などを書いてみましょう。まずは仕事につな

自己の得意分野の棚卸し（例）

得意分野	自己評価
①管理・監督者訓練（マネジメント、仕事の管理、部下管理、リーダーシップほか）（約100社、30年）→企画立案業務	特A
②問題解決能力向上訓練、創造開発訓練（5社、40年）→研修指導、コーチング業務	特A
③会社設立から軌道に乗せるまでの組織づくり、社員動機づけなどの指導（3社、7年）→組織づくり、人の世話、まとめ業務	A

※自己評価　特Ａ：外売り可能　Ａ：強力に推進したい
Ｂ：得意だがニーズが低い　Ｃ：やや陳腐

がるかどうか関係なく、書き出してみましょう。定性的な評価ではなく、なるべく年数や個数、人数など数字を入れて定量的に記入すると整理も早いです。

リストにしたら、その知識やスキル、ノウハウがビジネスとして社会に「売れる」かどうか、分析してみましょう。リストの横に、「特A」「A」「B」「C」の評価を書き込み、目に見える形で一覧化します。

「特A」評価は、「現在の状態で十分に売れる分野」と分析したもの。すぐにでも外売りが可能で、人からお金をもらって提供できるレベルのものです。

例えば、商品の企画から営業活動、受注、納品、売掛金の回収などの業務全般をできると判断したケースです。一方「A」は、「いますぐに外売りすることは難しいが、今後、重点的に補強していけば、事業としてやっていけそうな分野」と判断したものです。

「B」評価は「自分としては得意だが、需要があまり見込めないと思われる分野」です。「C」評価は「業務経験がかなり以前のもので、知識やスキルがすでに古くなってしまった分野」につけましょう。例えば、市場が大きく変化してしまい、持っているスキルが役に立たないというケースです。

得意分野をリスト化して分析すると、お金をいただいて提供できそうな分野が少しずつ見えてきたのではないでしょうか。「特A」か「A」と評価した分野でやりたい仕事が見つかればベストですが、「B」や「C」評価の中から打開策を探すこともあります。

②好きなことを見つける

次に、3つの円の一番上である、好きなこと、やりたいことを洗い出すために、次ページの「自分のやりたいことを見つけるヒント」を埋めてみましょう。全部を埋めることが目的ではなく、事業とは無関係に思われることでも、思いつく項目のみ書き込んでみてください。「人の話を聞くのが好き」「DIYが好き」「食べ歩きが好き」など何でも結構です。年数には「今を起点に何年後に実現したいか」矢印を引きます。

行き詰まったら、逆に嫌いなこと、やりたくないことを考えてみると、見つけやすいかもしれません。

思いつくままに書き出してみると、ただの趣味だと思っていたマラソンやカメラ、ゴルフなども、これまでの経験や人脈などと組み合わせることで、事業のヒントにつながる可能性があります。

自分のやりたいことを見つけるヒント

項目	具体的な内容（役割）	1年	2年	3年	4年	5年
自分の好きなこと、周囲から歓迎されること						
抱いていた夢						
得意だったこと、人からほめられたこと						
やってみたいこと						
ボランティア活動						
趣味、スポーツ						
その他						

以上のように、自分の棚卸しと自分のやりたいことを考えると、２つの円が完成します。ただし、２つの円だけでは不十分。市場性があるか、お金になるかどうかを調査しなければなりません。

③市場ニーズを見つける

最後に3つ目の円ですが、お金になるかどうかを調べる方法は2つあります。1つは「市場規模を確認すること」です。業界の売上全体を確認することで、ニーズがあるのか、どのくらいの売上があるのか、把握しましょう。

調べ方ですが、インターネットで、業界名で検索しましょう。例えば、中国への赴任経験があることが強みで、海外進出に関するコンサルタントでの起業を考えているなら「コンサルティング　市場規模」といったように入力します。あるいは、主要な業界であれば、業界ごとの市場規模をまとめたホームページが見つかるはずです。独立行政法人中小企業基盤整備機構が運営する中小企業のビジネスを支援するサイト「J―NET21」の「市場調査データ」で、自分がやりたい業種のデータを確認するのもおすすめです。その市場が縮小しているのか拡大しているのか、どのような傾向にあるか分析してみましょう。

また2つ目として、もっと具体的に市場性を確認するには、実際に「テストマーケティング」を行い、見定める方法があります。テストマーケティングとは、事業を本格的に展開する前に、顧客になりそうな人にニーズがあるかどうかを確認する活動です。

家族や友人、交流会などで会った人、ホームページなどで募集した人に、商品・サービスを実際に使ってもらいます。その際、料金は実際の半額や無料にして、広く意見を募るといいでしょう。テストマーケティングは3カ月から半年近くかかります。

ニーズがあるかどうか、つまり「お金になる」かどうかの判断をし、3つの円が重なれば、自信を持って起業への道を進みましょう。ただし、これら3つの条件をすべて兼ね備えたビジネスを考えなければ、起業できないかといえば、決してそうではありません。実は、最初から3つの円が重なるようなアイデアを持っている人はほとんどいないのです。

むしろ起業を考え始めたころは、アイデアが一人歩きしていることが多く、必要な情報やスキルが抜け落ちていることがよくあります。まずは、思いやアイデアを書き出して、自分の方向性を見つける気持ちで行いましょう。

ちなみに、相談に訪れた男性は、営業で培ったトーク力と人脈を活かし、営業のコンサルタント業で独立することを選びました。今はさまざまな中小企業の商品・サービスの販路開拓を手伝っていて活躍中です。「自分には何もない」と思っていても、見える形に洗い出してみることで、意外な自分を発見できます。

本書の第6章でも、起業の始め方を詳しく紹介していますので、参考にしてください。

アイデアが見つからない人は起業タイプで自己診断

「3つの円」を考えてみたものの、なかなかピンとくるものがないという方は、次の「起業のタイプ」を意識してみるとよいと思います。

何もアイデアが浮かばないからといって、焦る必要はありません。自分は起業に向いていないと決めつけるのも時期尚早です。個々のタイプを見ていくうちに、やりたかったことを思い出すこともあるでしょうし、こんな仕事があったのかと驚き、ビジネス的な視点を思いつくこともあります。

8つの起業タイプを紹介しているので　自分に置き換えて考えてみましょう。まずは、頭を柔らかくして、楽しみながら構想を練ってみてください。

①知識タイプ――前職あるいは得意分野や趣味で培った知識を役立てる

企業や個人にアドバイスを行う仕事がさまざまな形であります。主にコンサルタント、アドバイザーと呼ばれることが多く、精通している分野で活躍でき、しかもそれほど体力もいりません。

顧問契約を結ぶ方が多いですが、著書を出版してセミナーを開催したり、個別相談会を実施するなど、スタイルもさまざまで、自分の性格に合わせてコンサルのスタイルを決められることも魅力です。

②スキル（技）タイプ――前職での専門業務・趣味・習い事のスキルを活用する

これまで身につけたスキルを会社や個人に提供します。営業代行や経理代行、ＰＲ代行などの業務サポート、アプリ開発やリフォーム工事など専門分野を請け負う、営業トークやパソコン技術を個別指導やセミナーで教えるなど、さまざまなパターンが考えられます。

③人脈タイプ――これまで築いてきたネットワークを対象や入り口にする

仕事や趣味、習い事、近所付き合いで得た人脈にアプローチする方法です。

前職の顧客に対して同じものを売るのはご法度ですが、商品やサービスがバッティングしなければトラブルにはなりません。売り先がはっきりしているので、何を売るかが決まれば成功しやすい分野です。

④物販タイプ――知識やこだわりがあるもの、得意分野のものを商品として売る

その商品に対して深い知識がある、目が利く、という商品を販売する仕事。自分で商品を仕入れて売るか、商品を預かって代行販売するかの2パターンがあります。商品の良さを人に伝えるのが楽しいと思える方や、ものに愛着がある、誰にも負けない商品知識がある方に最適です。

⑤サービス提供タイプ――世の中のニーズに合ったサービスを提供する

すでにあるサービスに付加価値を加え、新しいサービスとして提供します。最近伸びているのは、時流に乗ったサービスや社会の課題を解決するようなサービスです。例えば、高齢社会、子育て支援、防災関連の事業です。自分が感じた〝悩み〟や〝改善したいこと〟に焦点を当てること、さらに利用者の気持ちに寄り添ったサービス展開ができることなどが強みになる分野です。

⑥場を提供するタイプ――場所や情報を提供して人と人をつなぐことを仕事にする

商品やサービスを作り出したり、売り出したりするだけでなく、「場」や「人と人をつなげること」もビジネスになります。例えば、異業種交流会や婚活パーティなどです。人付き合いが得意、人が好き、人をつなげることにやりがいを感じる人に向く分野です。

⑦フランチャイズ加盟――既存の仕組みを利用して起業する

成功事例のあるビジネスモデルで起業できるため、リスクを減らせることが魅力です。規模感のある事業を目指す人にとってもいいでしょう。最近では、加盟金やロイヤリティが安価なものも増え、スマートフォン修理など店舗をもたないフランチャイズも多くなり、加盟しやすくなっています。

関心があれば、「フランチャイズフェア」や「フランチャイズ展示会」などフランチャイズ本部が一堂に集まるイベントに参加し、比較検討することをおすすめします。

⑧事業引き継ぎ――すでにある事業を引き継ぐ

すでにある事業を顧客ごと買い取る方法です。後継者不足の背景もあり、ゼロから始める必要がないことで増えています。各都道府県に設置された国の「事業引継ぎ支援センター」では、後継者のいない経営者と起業を志す人をマッチングする「後継者バンク」を行っています。相談・登録は無料ですので、興味があれば相談してみましょう。

譲渡価格を決める目安はまちまちですが、一般的に時価純資産に「のれん代」(年間利益に一定年数を乗じたもの)を加えた方法が多く用いられています。ただし、引き継ぐ際は、既存のトラブルもそのまま引き継ぐことにならないよう、契約をしっかり確認することが必要です。

起業にあたって資金はどれくらい必要？

事業アイデアが具体的にイメージできるようになったら、「起業資金」のことが気になると思います。一体、起業にどれだけのお金が必要なのでしょうか。

起業というと、これまで貯めてきた預貯金を注ぎ込むようなイメージを持つ方も少なくなく、かなり誤解があるように思います。

一般的には、起業時にかかる初期投資に加え、運転資金の3カ月分が起業に必要といわれています。事業を立ち上げてから売上があがるまでの目安が、3カ月程度とされているからです。

初期投資はパソコンや機械設備、店舗の敷金など、運転資金は仕入れ先への支払いや水道光熱費、賃料、広告宣伝費などです。

とはいえ、他の人の事例が知りたいと思う方も多いはず。ここで〝先輩起業家〟が起業にかけた費用をご紹介しましょう。

次のページに掲載した「平成25年度日本の起業環境及び潜在的起業家に関する調査」によると、シニア層の起業に要した費用の総額は「200万円超～500万円以下」が最も多く、次に「50万円以下」が続きます。しかし、銀座セカンドライフのお客様の場合、50万円以下での起業が一番多いと感じます。

この金額は、できるだけ店舗や事務所、在庫をもたないように工夫して事業を始めるシニア起業ならではということもあります。たとえ退職金や貯蓄があったとしても、起業で使う予算を決めて、その範囲内で起業する方が多いです。

起業でどれだけ稼げるのか

シニア起業では、収入よりもやりがいを重視して起業する方が多く、売上にこだわらない方もいますが、事業を続ける上で収入がゼロでは困ります。大事な資産を減らして、赤字ばかり増えてしまっては、ゆる起業の原則である〝楽しい仕

起業にかかった費用

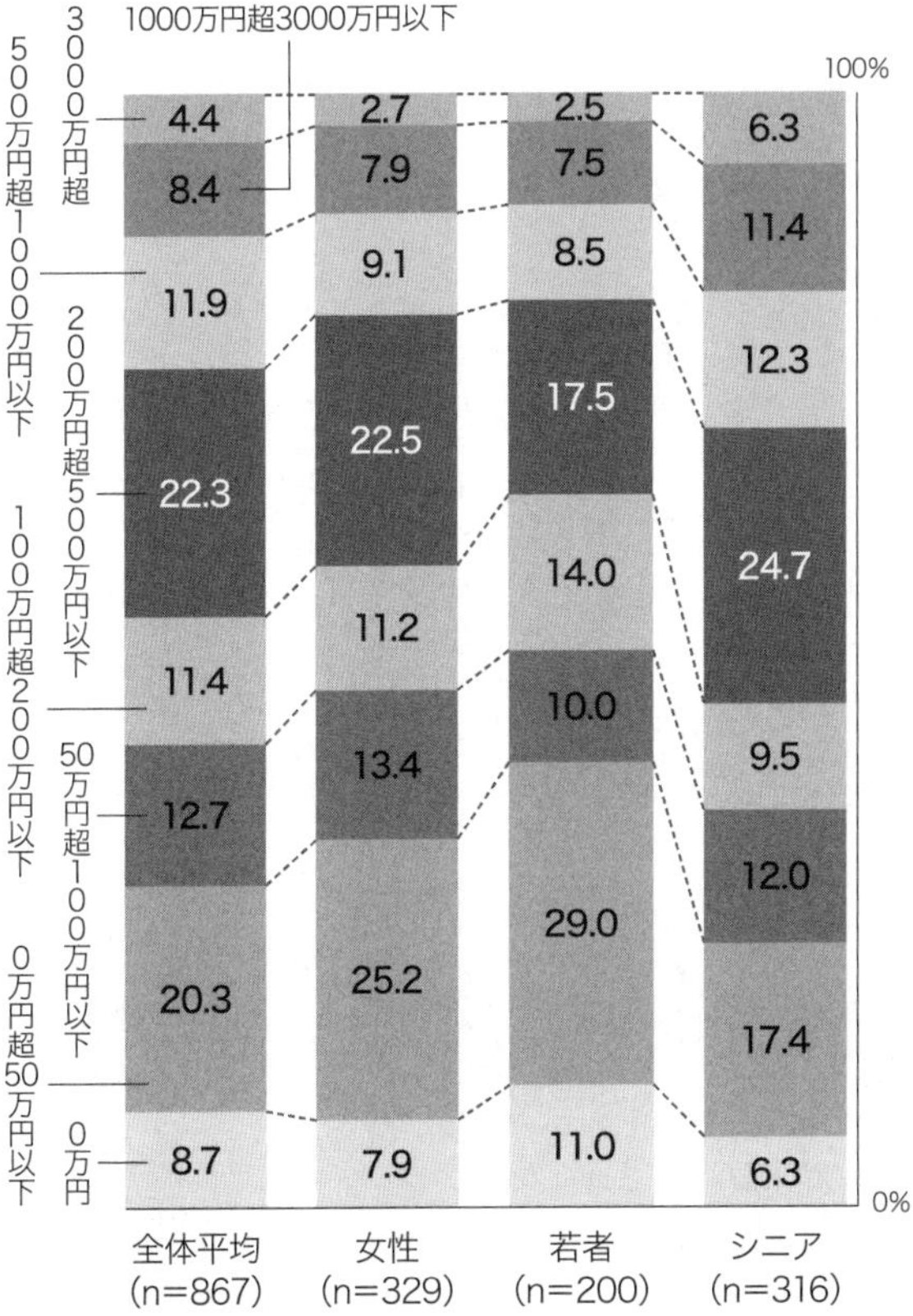

出典：中小企業白書 2014

事〟とはいえなくなってしまいます。

転職や再就職と違い、「これだけ働いたら、毎月これだけの給料が支払われる」といった確証がないのが起業です。年収がどれくらいになるか見通せないため、起業に踏み切れないという悩みを抱える方は多いです。

では、起業後の収入は一体どれくらいなのでしょうか。

一概には言えませんが、起業してうまくいっている方の中には、起業後3年以内に、年商が「前職の年収」レベルになっていることが多いです。ただし、これは仕入れや設備投資が必要な業種ではなく、あまり資金がかからないコンサルタントなどの業種の場合を想定しています。

例えば、前職が年収700万円だった人は、起業後の会社の売上、つまり年商700万円を目指してもらいたいのです。年商から交通費や広告宣伝費、通信費などの諸経費を差し引いた額が本人の収入となるので、現役時代より収入は減ることになりますが、生活を維持できたうえで、やりがいや満足度を現役のころより感じられれば成功といえるでしょう。この年商は初年度から達成する人もいますが、大体3年以内に達成できれば上々と考えてください。

起業後の年商が前職の年収を超えれば、一つの壁をクリアです。さらに売上を伸ばしていけるはずです。ただし、一人で起業していると売上は限界があります。例えば、コンサルタント業による売上の限界は、年商2000〜3000万円前後と考えてよいかもしれません。

仕事が増えるにしたがって、自分一人では手が回らなくなるため、「人を雇用してさらに売上を伸ばす(=成長)」もしくは「仕事を調整して自分でやれる範囲に仕事を制限する(=現状維持)」必要が出てくるでしょう。3年ほど経つと、この悩みにぶつかる人が多くなります。

「成長」を選び、人を雇用した場合、賃金を払い続ける覚悟が必要です。一方「現状維持」を選び、仕事を調整しようと考えた場合にも、どの仕事を受けて、どの仕事を断るのか、選別が悩みどころです。「これ以上は増やさない」と思っても、お願いされたり、求められると、仕事を断ること自体が精神的な負担になりがちです。

どちらが正解というわけではありません。起業して何を目指すのか自分で決めることができるのも、起業の醍醐味といえるでしょう。

行政もシニア起業を応援している

実はいま、シニア起業を考えている方にとって、大きなチャンスが来ていると言えます。なぜなら、国を挙げて開業率を引き上げる取り組みが行われているからです。近年、日本の開業率は微増傾向にあるものの、4～5％を推移しています。これは欧米と比べて、ずっと低い数字です。

その現状を打破するために、「日本再興戦略～JAPAN is BACK」（2013年6月14日）と名付けられた成長戦略の中で、「開業率を米国・英国レベルの10％

台に引き上げる」という目標が決まりました。

今後の日本経済を成長させるためには、中小企業や起業家の活躍が欠かせません。単純に考えると、これから起業する人を今の2倍にしようとしているのです。さらに日本産業再興プランでは、事業を起こしたいという人を「今後10年間で倍増させる」と意識改革を進め、「黒字の中小企業・小規模事業者を70万社から140万社に増やす」と掲げています。


起業家を増やすことを、成長戦略に組み込む理由は、日本の開業率の低さが原因です。私は開業率が低い原因として、日本特有の事情があると思います。

その1つは、起業家教育がなされていないことです。身近に起業の知識を学べる場所もありません。起業したくても、具体的な段取りが分からないという人が多くいます。

2つ目として、起業が就業の一つとして考えられていないことです。日本では公務員や大企業社員を目指す割合が非常に高く、起業はむしろネガティブに捉えられている傾向があります。

起業のイメージが悪いのは、日本では失敗したときに借金を背負ったら、再就職や再挑戦がしづらいことが影響していると感じます。「起業は危ない」といった印象があるため、失敗を恐れて、そもそも起業しないといった選択をするのも無理はありません。

3つ目に、起業＝革新的で世の中を変えるようなサービスの創造、という壮大なイメージも影響しているのではないでしょうか。起業のハードルが高すぎて、「自分には無理」と思ってしまいます。「小さくても自分の経験を活かして活躍する」というイメージが広がれば、日本でも起業が増えると思います。

こうした現状の解決に向け、国や自治体が起業支援に積極的に乗り出していま す。例えば、無料の起業セミナーや相談会を開いたり、起業家にとって使い勝手の良いレンタルオフィスを増やしたり、さらに金融支援として公的な融資制度や助成金制度を設けるなど、起業を増やすための取り組みをしています。

起業は「特別なことではなく、やる気とアイデアがあれば、誰でも成功する可能性がある」と意識を変えようとしているのもポイントです。国や自治体がビジネスプランコンテストを開催し、優れたビジネスプランを持つ起業家を表彰・紹介することで起業の注目度を高めようとしています。

そして、特にスポットが当たっているのがシニア層です。なぜなら、せっかく起業を後押ししても、継続できなければ廃業率も高まってしまいます。シニアは、リスクを最小限に抑えた〝ゆる起業〟で着実に実績を上げ継続を重視するため、国が掲げる「開業率の向上」と「起業大国」の担い手として、国も大きな期待を寄せているのです。

第2章

私が見てきた成功した人たち

人生100年時代における成功とは

これまで、7000人を超える起業相談をしてきましたが、起業における「成功の定義」は、若い世代と50～60代で大きく異なると感じています。ここでは、そもそも「成功」とは何を指すのか、考えてみたいと思います。

人は年齢を重ねるごとに、仕事とプライベートのバランスやライフプランが変化するものです。経験を積むうちに、自分がどう生きたいか、何を大切にしたいかという価値観が明確になるからかもしれません。

若い世代は、未知の分野に挑戦し、開拓したい気持ちがあるでしょう。資産を形成するために働き、稼ぎたいという方も多いでしょう。そのため、起業目的も株式上場や事業拡大、従業員数の増加などを意識し、その達成を成功と表現することが多いです。

一方で、50～60代の場合は、起業は収入や事業規模ではなく、「自分の人生を充実させること」を成功と捉える方が多いと感じます。これまで会社や組織の中で働き、定年退職やゴールが見え始めて、「自分の人生、これでいいのか？」「やり残したことはないのか」と振り返り、セカンドライフは自分の価値観に合わせた生き方をしたいと考えます。

そのせいか、50～60代で起業家に転身して、「バリバリ働いて売上を伸ばして成功しました」という方は非常に少ないです。それより、起業家としての醍醐味を感じられるかどうかを、成功と考えているようです。その醍醐味とは、「やりがい」「社会貢献」「楽しさ」「夢の実現」「スキルや経験を活かせる」「人から求められる」といったものです。

また、プライベートを重視しているのも特徴です。仕事を持ちながら、家族や友人と過ごす時間を大切にしていると、ご本人も幸せそうですし、周りからも「あれは、成功例だね！」と太鼓判を押されています。

いくつになっても起業家になることはできる

私は仕事柄、相談者が会社員から起業家に転身するタイミングを見ているので、起業によって本人が変わっていくことを誰よりも実感しています。

例えば、これまで切羽詰まったような働き方をしていた方が、張りつめていた緊張を解き、自分らしいゆとりのある生活を楽しむようになったりします。

また、相談していたころは「心配でたまらない」といった不安を抱いていた方が、起業すると少しずつ自信をつけて、「毎日が充実していて忙しい」と笑顔で報告にいらしたりします。

ある男性は、前職が金融業で、現役時代は家で夕飯を食べたことがほとんどなかったそうですが、起業家になってから家族と食べるのが当たり前になり、「犬の散歩までやっていますよ」と微笑んでいました。

随分と雰囲気が変わって、人生を謳歌しているな、と私が感じるのは、「やりたいことができている」「仕事と趣味の線引きがなく楽しく働いている」方です。それがシニア起業の本当の意味での〝成功〟なのではないかと、つくづく思うのです。

初めにお伝えしたように「人生100年時代」となり、起業家に転身して長いセカンドライフを楽しもうとしている方は年々増えています。

「人生100年時代」を実感するのは、相談に訪れる方に60代、70代がとても多いこと。最近相談にいらした方も70代でしたが、もはや驚きません。

これまで起業相談にいらした最高年齢は86歳の方です。長年勤め上げた経験を活かして、トンネル型「防災シェルター」を作りました。ずっと考えていたアイデアだったようで、いざというときに役に立つという思いで起業し、形にしました。東日本大震災直後ということもあり、あちこちから引き合いがあって、売れたようです。

80代になっても、アイデアを実現させ、起業家になっていく。そんな時代ですから、50~60代はまだまだこれから。セカンドライフを〝成功〟させることは十分可能です。

自分でサービスを提供できるか、見込み客を持っているか

起業に年齢は関係ありません。ただし、起業を成功させるには、まずは「難易度の低いビジネスからスタートすること」が重要です。

具体的にいうと、「自分でサービスを提供できる能力があるか」あるいは「見込み客を持っているか」。いずれかを満たせば起業は可能です。どちらも揃っていないと起業できないのでは……と心配になる必要はありません。始めから2つとも満たしている方は、全体の5%ほど。ほとんどの起業家は、何かしら欠けた状態からのスタートです。

しかし、どちらも持っていない場合、残念ながらそのままでは起業を成功させるのは難しいでしょう。とはいえ簡単に諦められないこともあります。そういうときはどうすればいいのか。分かりやすく実例で紹介します。

以前相談にいらした女性は、メディアで取材執筆と広告営業の仕事をしていましたが、夫の海外赴任に伴い退職しました。その後、帰国し生活が落ち着いたので、起業したいとのことでした。そこで彼女が思い出したのは、在職中は他社を訪問する機会が多いのに、手持ちの服が少なく困っていたことです。同じような悩みを持つ人向けに、派手すぎず、周囲から信頼されるような女性管理職向けのオリジナルブランド服を作りたいとのご相談でした。

服を製造販売する場合、企画やデザインを自社で行い、製造は他社に任せて自社ブランドとして販売している人は数多くいます。

しかしこの方の場合、服作りの経験がご自身にないため、自分でサービスを提供できません。デザイン作成、製造工場の確保は相当大変でしょう。また、前職の人脈では今回のニーズにマッチする人は少なく、しかも日本を離れていたため、すぐに声を掛けられるような見込み客も数える程度でした。

そうすると、販売先を一から新規開拓する必要があり、販売方法の検討、見込み客の獲得に時間がかかってしまいます。「自分でサービスを提供できず」「見込み客もいない」ため、すぐに事業を立ち上げるのは難しい状況でした。

どちらもなければ起業を諦めるべき?

相談を受けていると、どちらも持っていないパターンの相談も数多くあります。そのままでは起業が難しくなってしまいますが、諦める前にもう一度考えていただきたいのは、ご自身にとって「難易度の低いビジネス」に置き換えてもらうことです。いずれ本当に取り組みたい事業につながる「手前の事業」で起業する。つまり、〝種まき〟のための起業として考えるのです。

彼女の場合、オリジナルブランドの服作りは資金と時間がかかるため、まず前職の経験を活かし、女性管理職向けのウェブマガジンを始めたり、女性管理職に対して広報のコンサルティングを行う事業がよいでしょう。メディアでの経験を存分に活かせるからです。

最初の事業で手ごたえを感じてから、次の事業に取り掛かります。今、目の前にいるお客様のニーズをよく聞きながら、服のデザインや価格などを決めた方が売りやすくなります。このように、ご自身にとって手掛けやすいビジネスから始めると、起業がスムーズに実現でき、将来服を販売する際の見込み客を囲い込むこともできます。

もう1つ実例を紹介します。定年後に、「家事代行サービス」を思いついた男性が相談にお越しになりました。事業内容は、家事の得意な主婦を集めて家事のサポートが必要な家庭とマッチングさせることです。

しかしながら、ご本人はそれまで仕事一色で、自分の家庭でも家事を手伝ったことがなく、むしろ苦手だそうです。また、困っているからすぐにでも家事を手伝いに来てほしいという家庭を知っているわけでもありませんでした。

そうなると、「自分でサービスを提供できず」「アプローチできる具体的な見込み客もいない」、「どちらもないパターンです。「妻の友人を頼る」「見込み客は近所にいるはず」とあいまいな計画でしたが、すべて誰かを頼らないとできないことは起業としてかなり難しいです。

こういった場合は、まず自分のできることを軸に計画を考え直した方がよいでしょう。もしくは事業を始める前に、近所の女性コミュニティが集まる会などに参加しつつ、ニーズを見極めるところから始めるとよさそうです。

このように、両方持っていない場合でも、諦めずに起業された方はたくさんいらっしゃいます。

コンサルタントで起業する

50～60代では経験や人脈を活かして起業し、成功する方が非常に多いです。これまでに培った実務の豊富なノウハウやスキル、人脈は一朝一夕には身につかない財産だからです。

実際に日本政策金融公庫総合研究所「シニア起業家の開業（2012年度）」の調査では、約8割の方が経験を活かして起業しています。

例えば、前職でシステム開発をしていた方は起業後もシステム開発をしていますし、内装リフォーム業だった方は内装リフォームを手掛けていることがほとんど。以前との違いは、ビジネスを組織としてではなく一人でこなすことになるため、外注先や提携先などのパートナーと組んで全体の流れを一人で管理することです。

経験を活かした事業を立ち上げることは、慣れた業界なのでリスクも把握して

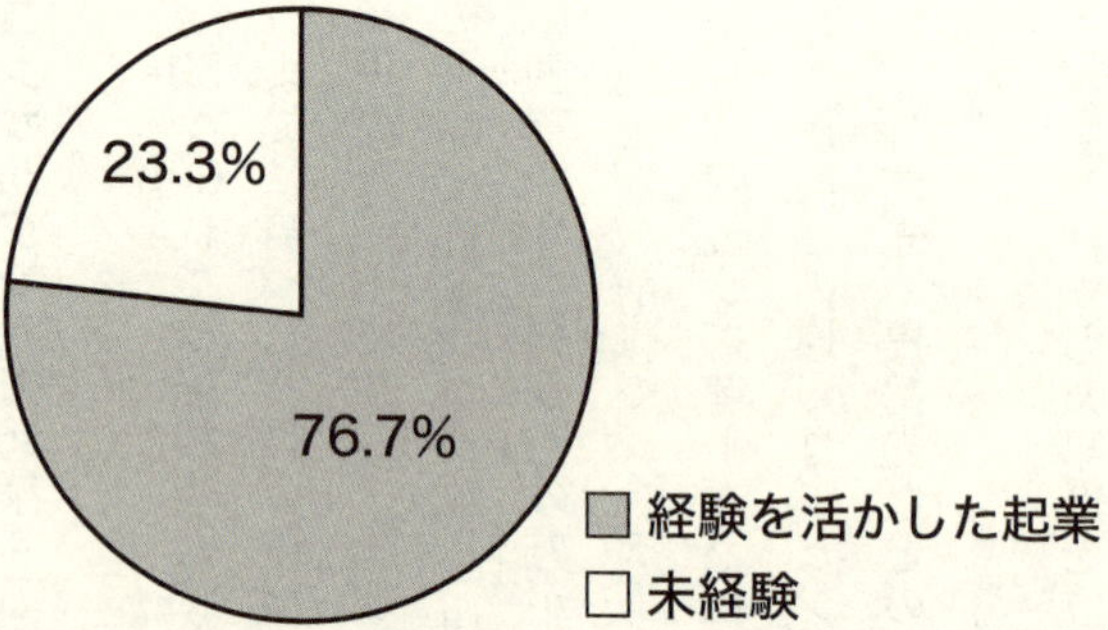

出典：日本政策金融公庫総合研究所 シニア起業家の開業
～2012年度「新規開業実態調査」から～

いますし、売り方のコツもよく分かっているため売上の伸びが早く、未経験からスタートするより仕事につながりやすいといえるでしょう。

反対に、経験を活かしづらいジャンルもあります。それは、技術者の方です。ご本人の能力は非常に高いのですが、以前の会社と秘密保持の誓約書にサインしているケースが多く、ノウハウを活用できないことが理由として挙げられます。

また、技術職で長年働いていた方は、営業に苦手意識を持っている場合も多く、高いスキルを活用できないジレンマに陥ることも多々あります。

そういう方へは、コアな技術ではなく、その一歩手前で事業を考えることをおすすめしています。例えば、新商品開発の流れやノウハウ、技術力を磨く研修をしたり、コンサルタントとして指南役になる事業です。


今までに培ったノウハウを活かすのがシニア起業の特徴ということもあり、起業分野ではサービス業が多いです。その中でも、コンサルタントと営業代行業での起業が特に人気です。コンサルタントは経験を活かすパターン、営業代行は人脈を活かすパターンの代表例といえるでしょう。それだけ、始めやすく成功する要素を多く含んでいるといえます。

そこで、ここからは「コンサルタント」と「営業代行」について詳しく紹介したいと思います。

コンサルタントは、実務経験や個人的に学んで培った知識をもとに、企業や個人へ助言、指導などを行う仕事です。これまでのキャリアを活かせるうえ、特別な施設や店舗、仕入れもほとんどいりません。一方で、コンサルタントを名乗るには特別な資格も必要ないため、起業する方はとても多いですが、厳しい競争があるのも事実です。

そこでコンサルタントを目指す方は、自分の強みを明確にしておく必要があります。コツは、名刺の肩書で「〇〇コンサルタント」と切り口をしっかりアピールすることです。どの分野に強いのか一目で分かると、顧客側も仕事を頼みやすくなります。

では、どんな切り口があるのでしょうか。大きく「分野別」と「業界別」の2種類に分けられます。

「分野別」の例を挙げると、「ITコンサルタント」があります。主に中小企業のITシステムについて、技術的なサポートを含め適切なアドバイスを行います。「営業コンサルタント」は、営業手法やスキルの向上に必要なことを教える指南役。「ブランディングコンサルタント」は、商品や企業のイメージを上げる戦略を提案します。「財務コンサルタント」として財務体質を改善・強化するためのアドバイスに特化する方もいます。「人事労務コンサルタント」は、採用から賃金、人材育成、労務管理まで人事全般にかかわる事項を指導します。海外赴任を経験していたり、現地に人脈がある人は、「海外進出コンサルタント」として、海外に進出して事業を展開したい日本企業の支援をします。

このように、特定の業務分野の専門性を活かして行う仕事で、顧客の業種は問いません。2つ以上の専門分野がある人は「経営コンサルタント」という肩書にすることが多いようです。

次に「業界別」の例です。不動産に強いのであれば、「不動産コンサルタント」として、不動産所有者に管理や収益アップのためのアドバイスを行います。「医療介護コンサルタント」は、医療機関や介護施設の立ち上げや経営について助言を行います。「物流コンサルタント」として、物流会社の設立や、企業の物流部門の立ち上げなどを支援するコンサルタントも考えられます。

特定の業種、業界に特化した相談や助言を行うため、どちらかといえば経営学などを学んだという人より、その業種で豊富な実務経験がある人が多い印象があります。

営業力に自信がある人はこれ

コンサルタントと同じく人気なのが「営業代行」です。文字通り営業を代行する仕事で、依頼主に代わり、商品の販路拡大のための営業を行い、売り主と買い主をマッチングします。他にも、見込み先リストを作ってアポイントを取ったり、クロージングの方法をマニュアル化する、営業手法をパターン化してアドバイスするなど営業業務全般を支援する人もいます。

実際に売れたら、取引金額の5〜10%をもらう成功報酬にすることが多く、売り主と買い主の取引が続いているかぎり継続して収入が入るため、安定収入になりやすいです。また、売り主と買い主に直接取引してもらうため、在庫を持たずにすみ初期投資を抑えることができるのが人気です。営業職出身で、営業に自信があり、転職してさまざまな商品を手掛けてきた方に適任でしょう。

これまで起業した方の例を挙げると、金融機関の営業職をしていた60代の男性は、退職後に営業経験を活かし、健康食品や健康器具メーカーの営業を代行する営業代行サービスを始めました。初期投資は、パソコンやホームページ作成のために20万円程度。

起業したばかりですが、3社から営業代行の依頼を受け、月額顧問料を各社10万円もらい、月商30万円を得ています。依頼主から、名刺やパンフレットなど営業ツールを支給してもらい、営業活動をしやすいようにしてもらっているそうです。

ただし注意点もあります。人と人とをつなげるビジネスモデルだけに、「中抜き」される恐れがあるのです。気がついたら知らない間に直接取引をしているケースが考えられます。

トラブルを防ぐためにも、ビジネスとして依頼主と契約を交わしてから行動する必要があるでしょう。また、売買契約が成立したかどうか把握しづらいときもあります。紹介手数料の額をしっかり管理するため、後日納品先を訪問したり納品先リストを毎月提出してもらうなど依頼主との話し合いが必要です。

また注意点の2つ目としては、重要な項目について話し合わずにビジネスをすると提携先や協力会社との線引きがあいまいになることです。「相手側がやってくれると思っていた」「頼んだのにやってくれない」といった誤解も起こりがちです。しっかり話し合いで、役割分担や売上配分も明確にしておくといいでしょう。

報酬トラブルや約束を守ってもらえなかったなど、起業すると大なり小なりトラブルはあります。「仕方がない」と対策を怠ると問題はどんどん大きくなります。トラブルを減らしていく工夫や、「契約を交わす」「着手金の設定」などビジネスとしての仕組み作りをしておくことが大事です。

コミュニティビジネスで成功を

最近の傾向で特記したいのは、地域に根付いた起業スタイルが注目されていることです。地域との関わりを密にして、地域におけるニーズに対して、地域資源を活かしながらビジネスをすることを「コミュニティビジネス」といいます。地域の人材や、施設などを活用して事業を立ち上げることで、地域の課題解決につながり、地域コミュニティの活性化につながるものと期待されています。

私のところにもたくさんの相談があります。とりわけユニークな成功事例をご紹介しましょう。

地元を中心にサークル活動的なウクレレ教室を開業し、定期的にイベントを開いている60代の男性がいます。会社員時代は転勤が多く、地域との関わりがほとんどなかったそうです。そこで、退職後は趣味のウクレレを使った、地域活性化の事業を考えました。

ウクレレは楽器の中でも小さくて持ち運びしやすく、初心者にも演奏しやすい楽器ということもあり、仲間を集めやすかったそうです。参加者は順調に増えており、今後は活動拠点を増やすことや、福利厚生として企業への提案も考えているそうです。

私がアドバイスしたのは次の点です。ウクレレの練習会や演奏会を開いたら、ホームページ上に開催実績を載せ、人が大勢集まっていることや開催の頻度を伝えて、教室の信頼感を高めること。楽しく活動している写真を撮って、活用することもおすすめです。

また、毎回イベントをゼロから集客するのでは大変ですから、定期的に参加してもらうために会員制にし、イベントを随時案内できる会員名簿を作ったり、会員サービスを設けて広く人を取り込むことを提案しました。

今では会員を増やし続け、教える技術のある人に声をかけて、その人に中心になってもらい、地元以外でもウクレレ教室を開いているそうです。

地域で行うコミュニティビジネスは、地域の基盤を活用できるため、人を集める際もプラスになります。地域限定で発行しているフリーペーパーやダイレクトメール、折り込みチラシなどを有効活用しましょう。広告料がかかりますが、地域を限定しているので、比較的安くなります。

また、コミュニティの力を使えば、イベントを開催するときなどに運営を手助けしてくれる人手も集めやすく、仲間との絆が深まります。さらに、自宅で開業する方も多く、出勤の負担がなく、無理をせずに仕事ができることも魅力でしょう。そういう意味でも、コミュニティビジネスは成功しやすく、継続しやすいといえます。

なお、コミュニティビジネスは、自宅開業にも向いています。ある50代の男性は、幼少期からカブトムシが好きで、自宅に飼育スペースを確保し、カブトムシを幼虫から育てて、成長したタイミングで販売する事業で起業しました。

自宅をショールームにして直接販売をしたり、近所の店に委託販売する方法です。地元のコミュニティを活用し、学習塾の入り口にカブトムシの観察ケースを置かせてもらうなどして販売実績を増やしているようです。

さらに最近は、「住み開き」という、自宅の一部を無理のない範囲で開放し地域の方々を招く、新たなコミュニティビジネスも生まれています。

2018年2月に行われた神奈川県主催『かながわシニア起業家ビジネスグランプリ2018』では、「住み開き」によるカフェ経営と多世代交流事業の成功例として、ハートフル・ポート代表の五味真紀さんが最優秀賞の神奈川県知事賞を獲得しました。

五味真紀さんは、神奈川県の郊外にある自宅の一角をカフェにし、居心地の良さや食にこだわった空間を提供しています。それ以外にも、コンサートなどのイベントを定期的に開き、多世代交流の場として地域を盛り上げています。

きっかけは、これまで行ってきた地域活動や保護者会、PTA活動でつなげてきた人脈を活かしつつ、子育てや介護をしやすい自宅で起業したいと考えたからだといいます。カフェをオープンしたときには、地域の人との理解を深め、よく知ってもらうために、お披露目パーティを兼ねてご近所向けに案内を出したそうです。

チラシを配ってくれたのも、仲間やご近所付き合いのある方々。地域の方と協力し合い、よりよい関係を保ちながら事業を行うことが、地元に愛されるカフェを運営する秘訣だと思います。

現在ではインターネットでのつながりや、ソーシャルネットワーキングサービス（SNS）も盛んですが、一方では、実際のつながりを意識する人も増えています。「気軽に立ち寄れる」「交流を深める」「地域で見守り合う」ことを重要視する人たちにより、コミュニティビジネスがより活発化しているといえます。

定年後やセカンドライフでは、住み慣れた地元に対して「恩返しがしたい」という思いを持つ方が多いです。コミュニティビジネスは、地元や自宅で事業ができ、さらに地域の課題を解決できるとあって、非常に満足度高く活動している方が多い起業分野です。

第3章

シニア起業で成功する人の特徴

一人で考えすぎずに周りを巻き込む

10年以上シニア起業支援を行っていると、すんなり起業してトントン拍子で成果を上げていく方と、出だしから壁にぶつかり、なかなか軌道に乗れない方の2通りの方がいることに気づきます。

成功する例として最も多いのが、「すぐに行動に移している人」です。

起業しようと思うと、黙々と事業内容を考えがちですが、起業の構想に時間をかけすぎるのはもったいないことだと思います。

実際にあった話ですが、50代前半の男性が、あるマッチングシステムサービスでの起業構想を相談しにいらっしゃいました。とてもユニークなサービスでしたが、構想から2年ほど経っており、すでに競合他社が似たようなサービスを始めていて、出遅れてしまっていました。もう少し早く動き始めていたら、他社より早く実現できたかもしれません。

今は世の中の動きがとても速くなっていますし、新しいアイデアが次々に生まれて、実現されています。しっかり構想を練るのは大切ですが、スピードを意識して起業を考えた方がよいと思います。ユニークなアイデアを考えている場合はなおさらです。他の人が立ち上げてしまう前に、「自分がやるんだ！」という気持ちで行動に移していただきたいです。

もしも事業内容について悩みがあり、行動に移せない場合は、一人で考えすぎないことが大事です。順調に進んでいく人は、ある程度の構想が決まった段階で、家族や友人、行政や起業支援の会社などに相談していることが多いです。他の人に相談して違った観点からのアドバイスをもらうと、新たな気づきを得られることもあります。そうして軌道修正をしつつ、自分の強みや経験を上手にアイデアに落とし込み、可能性を広げているのです。

事業内容によっては、「あちこちで話をすると、せっかくの起業アイデアを盗まれてしまうのでは……」と不安を感じて、一人で抱え込んでしまうこともあるでしょう。その場合は、特許や商標などの知的財産を確保したうえで、相談をすることが大事です。時には、独りよがりな考えに気づいたり、悩みの壁を取り去る意外な道を発見するかもしれません。

また、成功する人は、「周りを巻き込む力」がとても高いと感じます。顧客や外注先、パートナーなどと協力し合い、支えられながら順調に仕事を進めていきます。人が集まっているところには、さらに賛同者やお金が集まってくるもの。それが正のスパイラルとなり、事業を安定させていくのです。

協力を得ながら進めていけるタイプの人は、事業に対する熱意や自信があり、自分のためではなく世のためにやっているという「共感性」をとても大事にしています。社会の共感を得られるような目標を持って行動する姿を見ると、誰でも応援したくなるものです。

近江商人で有名な「三方よし」（売り手よし、買い手よし、世間よし）という言葉がありますが、自分のメリットばかりを考えていると、一方通行になってしまい、他人が入り込む余地はありません。

周囲をうまく巻き込みながら仕事を進められる人は、顧客や協力会社も喜んで賛同してくれるような仕組みを持っているものです。頼みごとばかりではなく相手の利益になることにも協力したり、相手の立場に立って行動し〝三方〟にとって好都合の道を選んでいるのです。

また、シニア起業の場合、一人で起業することが多いので、場合によっては、ある程度の規模感を示して周囲を巻き込んでいく必要があるでしょう。その場合は、会員数や顧客数をあえて公開したり、パートナー企業を公開して、スケール感を出しながら交渉を行うといいと思います。

人がたくさん集まっていると分かれば、興味を持つ人が増えます。街中で人だかりがあれば、より多くの人が集まり、さらに人だかりが大きくなるのと同じこと。一人で広めようとするのではなく、周囲をうまく巻き込むことが重要です。

競合調査をして自社の強みを明確にできる

「ライバルと比較して御社の強みは何ですか？」と尋ねると、すらすらと答えられる方と、ピンとこない方がいます。競合他社と比較していないと、自分の会社の強みだと思っていても、実は自社の得意分野が競合他社の強みと全く同じだったということもあり得ます。

これには時代的な背景もあると思います。ひと昔前までは、誰もやっていない唯一無二な商品やサービスを思いついて起業するケースがありましたが、グローバル化が進んだ現代では、インターネットですぐに情報を検索でき、商品やサービスの種類も多種多様です。ライバルがいて当たり前だと考えてください。

競合他社との比較を明確にしておかなければ、似たような商品やサービスと区別がつかなくなり埋もれてしまいます。ライバルと同じようなサービスを提供しながらも、何が自社の強みなのか明確にしている人がうまくいっています。

他社と比較して自社の強みを明確にしたうえで、差別化を図りながら仕事をすると、顧客がつきやすくなります。顧客にとって満足感があり、顧客が選びたくなるような自社ならではのアピールポイントを持っておくことが重要です。


ライバルと差別化して、自社の強みを明確にするためには、「市場調査」をすることが必要です。何も有料でデータを買ったり、何カ月もかけてマーケティングを行う必要はありません。

まずはインターネットなどを使って競合他社の商品・サービスの特徴、価格、アピールポイントなどを調査します。立地、ターゲット、購入方法、営業方法などを見て、それぞれの特徴も確認するのです。店舗であれば、実際に見に行ったり、サービスを利用することも考えましょう。

次に、調査結果から、自社と競合する有力な会社について比較表を作ります。自社の商品やサービスを表の一番左に記入し、その横に競合他社を加えて比較します。比べる会社は、5～6社程度が目安です。カフェの計画があるのなら、運営会社や最寄り駅、メニューや価格など、お客様が選ぶときに比較しそうな項目を洗い出します。

一覧にして「見える化」すると、ライバルと比べてどの点が異なっているのか、優れているところはどこか、自社の強みが何なのかが明確に理解できると思います。

自社の特徴がはっきりしていると、競合他社の商品やサービスを意識しながら自社をアピールできます。表のカフェの例で言えば、「うちのカフェは、他社と違ってメニューが豊富でアルコールの用意もある」「他社よりもこだわった自家焙煎コーヒーを提供している」などです。他社と比較することで、訴求すべきポイントが磨かれていくのです。

カフェの場合の比較表

名称	カフェ＆バー ブルーフォレスト （計画）	Aカフェ
運営会社	当社	株式会社○○
最寄り駅	○○駅または ××駅	○○駅
メニュー	コーヒー、ワイン、 ランチメニュー、 ディナーメニュー	コーヒー、サンドイッチなどの軽食 アルコール類はなし
価格	コーヒー 400円〜 ランチ 600円〜	コーヒー 200円〜 サンドイッチ 350円〜

顧客ニーズを捉えて柔軟な対応ができる

うまくいっているシニア起業家の話を聞いていると、とても柔軟な対応をしていることが分かります。相手が必要としていることに合わせて自然と方針転換をしています。「お客様のニーズのないところに仕事はない」ということがよく分かっているのだと思います。

大きな組織であれば難しくても一人起業であれば、柔軟な対応はとりやすいもの。起業後は顧客ニーズに合わせてサービスを改良したり、必要であれば内容を見直すといったことも考えましょう。前職の経験で決めた当初の構想も、固執しすぎると目の前のお客様を取り逃がしてしまいます。「こうでなければ」という固定観念を取り去った方が、うまくいきやすいです。

相手の意見やニーズを素直に聞いて行動できるということは、自分の事業をより磨くチャンスでもあります。

パートナー企業や見込み客から新しいことを提案されたら、「それはできません」「うちは行っていません」とすぐに断るのではなく、どうすればその依頼に応えられるのか一度検討してみると、思いがけない方法が見つかるものです。

例えば、相手にとって必要のないサービスがあるのなら、「その分を削って、価格を下げます」など、どれだけ柔軟な対応をするか。目の前のお客様を〝取り逃がさない〟気持ちがあるかどうかで起業時の成功率は大きく変わります。

相談にお越しになる方の中にも、相手の要望にどうすれば応えられるか、そればかりを考えて対応していたら、当初の想定と違う分野にニーズがあることが分かり、方向転換したことで事業がうまくまわり始めたという方がたくさんいらっしゃいます。

柔軟な対応ができる人は、フットワークも軽いです。調整しなければならないことは、大きな組織に比べればずっと少なくなっているはず。一人で起業しているからこそ、行動の速さや、フットワークの軽さが有利になってきます。

知り合いの起業家で、お客様を紹介されると、当日にはアポイントメントを取り、すぐに会いに行くほど行動の速い方がいます。社内の打ち合わせや会議もないため、すぐ行動ができるのです。

会うまでの時間が速く、メールの返信が速い。それだけで「迅速に仕事をしてくれる方だなぁ」と印象づけることができるのです。

大企業の場合だと、決裁に時間がかかり、時には担当が決まるまでに数日かかる場合もあります。シニア起業家の中には、「弊社には、そういった時間は必要ありません！」と差別化に使っている方も多くいます。

経験を活かして早めに売上をあげる

前職の経験を活かしてビジネスをしている人は大変有利です。前職で活かせるのは経験や知識だけではありません。人脈も大きな武器となります。個人でゼロから事業を始めると、まず声を掛けるのが、前職でつながりのあった人でしょう。培ってきたスキル、豊富な知識、幅広い人脈を活用することで、起業が成功する確率は高くなるといえます。

私が起業支援をした方の多くが前職の経験を活かした方々です。Tさん（60歳）は、前職で大手医療用機械器具メーカーに勤めており、就業部署での仕事経験を活かして起業しました。事業内容は経営コンサルティングと講師業です。パソコンを揃えたり、会社登記の費用として初期投資は約50万円、現在年商は約1000万円だそうです。専門分野での、豊富な人脈を活かして活躍しています。

保険会社の役員として活躍していたFさん（68歳）は、これまでの幅広い人脈を活かして、営業代行サービスを始めました。企業の依頼に応じて、商品の販売先を提案し、営業面のサポートをしています。会社案内や名刺を作り、初期投資は10万円程度。新しい環境で楽しく仕事をしながら、年商は400万円ほどとのことです。

Kさん（65歳）は、外資系の大手コンピューターメーカー、IT企業、情報機器会社に勤務し、主に国際調達部門や生産管理部門で経験を積んでいました。コンピューターやITの仕事に長く携わり、豊富な人脈と知識を持っていたため、そのスキルやネットワークを活かせる、中小企業向けのソフトウェア開発やIT関係のコンサルティングを始めました。得意分野でいきいきと活躍しています。

出版業界で、取材や編集、執筆を経験してきたFさん（66歳）は、シニア層の方がもっと気軽に書籍を出版できるようにオンデマンド専門の出版社を立ち上げました。編集者経験を活かし、字句や内容をチェックする校正などのサービスも提供しています。

Hさん（53歳）は、前職でピアノの販売をしながら、いつかピアニストの育成やマネジメントに関わる仕事をしたいと思っていたそうです。そこで思い切って

45歳のときに早期退職し、起業しました。

販売員をしていたことで、ピアノやその周辺に関する知識が豊富でしたし、日本はピアノの保有率が世界一で、ピアノ音楽が好まれていることや演奏できる場所も多いことから、潜在的な市場が大きいと考えたそうです。

現在は、ピアニストのマネジメントやCD制作、ライブイベントの開催を行っています。「会社勤めのころに比べるとプレッシャーや不安は大きいですが、仕事を成功させたときの満足感も大きい」とやりがいを感じています。

元客室乗務員のNさん（52歳）は、女性向けにメークや立ち居振る舞いの教室を開きました。

前職で培った得意分野を活かして、人前に立つことが多い経営者向けに立ち居振る舞いのセミナーなどを開催し、引く手あまたの状態です。「スケジュールがいっぱいで！」と忙しそうでしたが、表情は明るく、やる気に満ちあふれていました。

自分にできることで人の役に立つ

成功するシニア起業家で多い例として、「周囲から頼まれたことをきっかけにビジネスにしている」という方がいます。もともとお菓子作りが趣味で、作ってご近所に配っていたのがきっかけで起業したとか、経理経験があり、友人の仕事を手伝っていたのが始まりで起業した、などです。

起業前からすでに顧客リストがあり、ビジネスモデルがしっかりしているので、開業当初から一定の売上が継続して上がりやすいです。

難しい点は、有料化です。料金が発生することに対して、周囲で戸惑う方がいるかもしれません。解決するには、相手方に今後はビジネスとしてやっていくことを伝え、自分自身も事業として行う自覚と責任感が必要です。そのためには、例えば法人化する、価格のメニュー表を作る、規約を作るなどの準備をしたうえで、人から頼まれたら、価格にそって、または規約にそってビジネスとしてやっていくのです。

また、ビジネス化する理由も相手に伝えましょう。例えば、「お金をいただかないと継続して質の高いサービスを提供できないから」「より多くの人にサービスを広げたいから」などです。

ボランティアと違う点として、事業にすると「広がり」「継続しやすい」「励みになる」ことがメリットとして挙げられます。一方、サービスの提供を受ける人も、対価を支払うことで、頼みやすくなりますし、サービスを継続利用しやすくなります。起業をする理由を相手に伝えることで、相手も気持ちよくサービスを受けることができますし、自分でも納得してお金をもらうことができます。

時々、お金をもらうことに抵抗を感じてボランティアの状態を長く続ける人がいますが、赤字が続いたり体力を消耗して、大変な思いをしがちです。最初は無償でも、しっかり気持ちを切り替えることが成功のコツです。それも、できるだけ早い段階から「ビジネスにします」と宣言しておくのがよいでしょう。成功している人は、早め早めの決断をしています。

上手にビジネス化したシニア起業の成功例を紹介しましょう。ある男性は在職中に「高齢者の移動支援サービス」を考えました。地方から上京してきた高齢者に付き添い、行きたい場所や宿泊先まで一緒に移動するサービスです。都心のターミナル駅で途方に暮れている高齢者を見かけたことをきっかけに、このサービスを思いついたそうです。

まだ在職中だったため、2年ほどボランティアで友人や知り合いのご両親の付き添いをするなどテストマーケティングを繰り返して、事業計画を練りました。テストマーケティングは、顧客にどういうニーズがあるのかを理解する以外にも創業前に実際活動をすることで、起業後自分自身が安心してサービスを提供できるようになる点でも有意義です。

その男性の場合、2年間は無償で活動していましたが、50代で起業すると、1

時間5000円（追加は30分1000円）とメニュー表を作りました。2年間の経験を積んでいたこともあり、最初から13万円の月商を稼ぎ出したそうです。お金をいただくことで、人を雇ってビジネスを大きくすることもできました。

また、料理が得意なある女性は、ボランティアでお弁当を作り、材料費だけを負担してもらっていたそうです。それが地元で評判になるにつれ、一人で作り続けるのには限界があると相談に来られました。

これまでボランティアでやっていたことをビジネスにしようと思うと、価格はいくらに設定すればいいのか、どのようにビジネス化すればいいのか悩むことも多いと思います。

この女性の場合、たくさんのお弁当を作れるように人に手伝ってもらい、大きなキッチンスタジオを借りる必要がありました。そのため、人件費とキッチンスタジオの費用を計算し、かかる費用から逆算して単価いくらのお弁当にするか計算してもらいました。

そして、赤字にならず、継続できるくらいの価格メニュー表を作り起業しました。ビジネス化することで、お弁当作りを続けることができ、より多くの人にお弁当を食べてもらうことができるようになりました。

このように、最初はボランティアとして活動してきたことを、ビジネスにして成功するパターンを数多く見ています。もし、周りからよくお願いされる「頼まれごと」があるのなら、そこから起業アイデアを考えてみるときっかけがつかめるかもしれません。

最初は小さく稼ぐことを意識できる

最初から大きく稼ごうと、前のめりになって事業を考えると、なかなか軌道に乗りません。今は大きな事業をしているシニア起業家でも、起業当時は小さく始めたという人がほとんどです。

大きく考えてしまう例としては、「パソコン教室を開くのに、講師陣に力を入れ、一人15万円の月謝プランを考えている」「ブランド力を考えて一等地にオフィスを構えたいので、サービス料を高額に設定したい」「教室を開講するので大人数を収容できるように広い教室を持ちたい」といった具合です。初めからコストをかけすぎることで、サービス料金を高額にしてしまうと、自らターゲットを狭めてしまうことになります。その結果、サービスに対してどれだけのニーズがあるのかも見極めづらくなります。

起業当初は、まず小さく稼ぐことを意識しましょう。パソコン教室の場合、最初は一人月額３０００円などの安価なプランからスタートし、順調に人が増えて手ごたえを感じたら、売上を安定させるため、次のような施策を考えます。例えば、月額契約から年間契約への変更、最低契約期間を設ける、専門分野のコースなど高額なプランを作る、テキストを作って販売するなどです。

お客様の目線で考えてみても、起業して間もなく実績がない会社に、高額なお金を払うことには不安があるはずです。まずは、お客様が「お金を出す」ことに対する抵抗感を和らげる必要があります。

たとえ最初の売上が数万円だとしても、お金を稼げる人は、工夫次第で売上を増やしたり、安定させることができます。少額でも黒字になっているということは、事業がうまく回っている証拠です。そこから売上を拡大するための施策を考えていけばよいのです。


取引先の信用を高めて事業を軌道に乗せた起業家を紹介したいと思います。個人事業主として起業し、海外向けに着物地の服やストール、帯地バッグなどを製造販売している主婦の方がいました。製造は、工場へ外注して、大量に生産するのではなく、他の主婦の方に縫製を内職でお願いし、少量でできるだけ在庫を持たず、地道に少しずつ売ろうと考えてスタートしました。

2年ほどすると、売上が順調に上がり、実績もできたため、いよいよ事業拡大を考えました。そこで、欧州の展示会に出展することにして、縫製も工場へ外注することに。ところが、工場数社に問い合わせても、元主婦ということで趣味の延長のように対応され、引受先が決まらず困っていました。

そこで、私はこの方に、仕事を受けてもらうために、取引先の信用を高める3つのアドバイスをしました。具体的には「法人化する」「継続性を伝える」「経営理念・創業理由を伝える」という内容です。

法人化する理由は、個人事業主では開業廃業の手続きが簡単なため、継続的な取引ができるか相手方が不安になることがあるためです。株式会社か合同会社の設立を考えてみましょう。海外への輸出が主な場合は、海外で一般的な合同会社もおすすめです。

また、初めての取引は相手方にとって、打ち合わせなどの労力がかかり、利益率が低くなりがちです。一方、継続的な取引ができれば利益率も向上し、安定収入につながります。過去の販売実績や、今後の展示会出展予定等の販売計画を伝えて継続的な取引に向けた意気込みを伝えましょう。

そして、起業したばかりの会社が信頼を得るには、経営理念や創業理由に共感してもらうことも大切です。なぜ起業したのか、拡大する理由は何か、その気持ちを自分の言葉で伝えましょう。

この女性は、その後、志を同じくする取引先を探し、伝統工芸である着物を世界へ発信したいという思いを伝え、無事展示会を成功させて売上を順調に伸ばしています。

第4章

シニア起業で失敗する人の要因

失敗を防ぐには

成功する人がいる一方で、うまくいかない人もいらっしゃいます。そこで、ここからは失敗事例を踏まえて、起業前に知っておいていただきたいことや失敗につながる要因をお話しします。

とにかく固定費をかけすぎる

起業時によくある失敗は、固定費をかけすぎてしまうことです。固定費とは、賃料や人件費など売上の増減に関わらず発生する費用のことです。固定費が高すぎると、売上が上がっても「ずっと赤字続き……」なんていうことも。

毎月かかる固定費は、売上が減少しても、すぐには削減できるものではないので、必要性や金額の妥当性を慎重に判断しなければなりません。

「起業したからには、立地のいい場所に店を構えたい」「事務所を持ってこそ一人前！」など、起業前は大きく考えがちですが、固定費をまかなうためには、最低いくらの売上が必要かを逆算して考えてみましょう。

いくら事業の成功に自信があったとしても、すぐに売上が上がるとは限りません。リスクを回避するポイントは、起業時は小さな事業規模から始めること、つまり、初期投資を抑え、毎月かかる固定費を少なくすることです。万が一、思うように事業が展開できなかったとしても、損失を最小限にとどめることができます。

では、固定費ごとにどのような対策を行えばいいのか、具体的に見ていきましょう。

●店舗賃料

まず店舗を持たずに事業ができないか考えてみましょう。事業の形態には、店舗を持たない無店舗販売もあり、必ずしも実店舗にこだわる必要はありません。例えば、顧客に来店してもらうのではなく、自らが顧客のところへ足を運べば、サービスを提供できる場合があります。車を店舗代わりにして移動販売にするという方法もあるでしょう。やはり商品を販売するための店舗が欲しいということであれば、事業が軌道に乗るまでは、期間限定の催事で出店したり、自分でお店を出すのではなく人のお店に商品を置いて販売してもらう方法もあります。

●事務所賃料

店舗同様に、事務所も必需というわけではありません。事務所を構えることで、光熱費や管理費なども必要になるため、最初から費用がかさむことになります。初めは自宅を事務所として利用したり、レンタルオフィスを利用することも検討しましょう。

最近増えているレンタルオフィスには、仕事を行うために必要な机・椅子・電源・インターネット環境があらかじめ揃っていますし、御社の代わりに電話応対を代行する秘書サービスなども利用できます。自分で事務所を構えるよりも安価に好立地・一等地のオフィスを構えられるのも大きなメリットです。

●在庫

多くの在庫を抱えることは避けたいものです。小売業の場合は、在庫を持たなければ、売れ残りのリスクを回避できます。例えば、仕入れ先と販売先に直接取引をしてもらって、自社はその売上に対して、一定の割合を手数料として得るなどの方法があります。

注文を受けてから仕入れる「受注発注」や、注文を受けてから製造する「受注生産」の形態を選ぶのも効果的。ただし、「受注発注」「受注生産」は買い手に商品がわたるまで時間がかかってしまうので注意が必要です。

在庫を持つ場合は、生産一回当たりの数量を小さくする小ロット生産と呼ばれる製造方法がおすすめです。できるだけ小さな数量で生産を請け負ってくれる工場を探しましょう。

広告宣伝費をかけすぎる

起業して最初に多い失敗は、「広告宣伝費のかけ過ぎ」です。起業したら、売上を確保するために、自社の商品やサービスをどんどんアピールする必要があります。ただし、むやみやたらに広告費をかけても、かけた分の効果が得られなければ、その広告費はムダになってしまいます。

ある男性の例ですが、起業したばかりの頃、たまたま出会った雑誌広告社の方から営業され、50万円近く払ったものの、1件も問い合わせがなかった、ということがありました。このような失敗を防ぐためにも、当初は少額の費用でできる範囲のことから始め、結果が出始めてから段階的にコストをかけていきましょう。少額でも複数の方法を試し、反応の良いものだけを続行すると効率よく宣伝できます。

また、広告を掲載する場合は、どの広告から問い合わせがあり、売上につながったかを集計し、費用対効果を確認しましょう。例えば、チラシには印となるコードを入れ、そのチラシを持参していただくようにすれば、どのルートでの配布が効果的であったかを確認できます。

また、自社のホームページの制作を業者に依頼する場合は、まず、初期投資を抑えるために相見積もりを取るようにしましょう。次に、最初から高額な資金を投じて、最上級の出来栄えを目指そうとするのではなく、少額のホームページから始め、事業の展開や企業の成長に応じて、ホームページをリニューアルするようにしましょう。起業したてのころは、状況が刻々と変わっていきますので、定期的にホームページを一部リニューアルし、3年後を目安に、全面リニューアルを考えるぐらいがいいでしょう。

その他、ほとんど広告宣伝費がかからないブログやフェイスブックなどのSNS、メールマガジンの活用も考えましょう。広告宣伝費をかけすぎないという意味では「リスティング広告」もおすすめです。

リスティング広告とは、インターネットで検索結果画面の上部とサイドに表示される広告のことです。大手検索サイト「グーグル」の場合は「グーグルアドワーズ」というサービスがあります。広告を表示させるだけなら無料で、クリック回数に応じて課金される検索連動型広告です。1日の予算を決めることができるので、毎日500円かけるとか、1000円かけて宣伝するという設定が可能です。

これらを、上手に活用すると、広告費を抑えながらPRをすることができます。

他人に依存しすぎる

50～60代の起業家の強みは、豊富な経験や人脈を活かせることだと、これまで説明してきました。ところが、ベテランであるがゆえ自信や成功体験が逆に失敗を生み出すことがあります。一例として、前職のツテを当てにしすぎることです。

前職関連で仕事をもらえる人は、どのくらいだと思いますか？　私の感覚では、起業した人全体の5％程度です。もし、前職やその取引先から仕事をもらえたり、コンサルティングを頼まれたりしたら、かなり幸運です。しかも、そのまま継続して仕事を依頼されるかどうかは分かりません。前職での付き合い上、儀礼的な意味合いで、起業当初だけ仕事を発注されるというケースもあり得るからです。

もちろん、かつての人脈は存分に活かしてほしいのですが、「起業したので、よろしくお願いします」と挨拶まわり程度にし、それ以上のことは相手方に求めないようにしましょう。ついアテにしすぎて落ち込む人が後を絶ちません。

元大手電機メーカーの営業だった男性の例をお話しします。前職で営業マンとして大型案件を獲得してきた経験をもとに、他社の営業を支援する営業代行サービスを始めました。幅広い人脈を持っていましたが、決裁権を持っている人との人脈が少なく、アプローチをしてもなかなか契約まで結びつきませんでした。また、これまでの人脈をアテにしすぎ、新規に人脈を広げようとしなかったため、顧問契約の件数は1件のみ。初期投資は会社案内や名刺作成で10万円ほどでしたが、起業当初の月商は事前の計画を大きく下回り、顧問契約1件分の5万円でした。このようにならないためにも、起業したら前職のつながりだけでなく、新しい顧客を積極的に開拓することが大事です。

起業後に事業を進めていくうえでも、人に頼りすぎて失敗することがあります。人を巻き込みながら、自分の未経験分野や苦手な分野を人に任せたり、アウトソーシングするのはよいのですが、見境なく外に依頼するのは考えものです。まずは、「営業から納品まで」など事業の流れを一通り一人でやってみることが大事です。一度流れを経験すると、顧客ニーズがつかめたり、集客の難しさが理解できたり、さまざまな発見があると思います。その経験が、事業をさらにブラッシュアップすることになるのです。

外部に頼みっぱなしなことで、クレームやミスマッチが起きている案件も数多くあります。よくあるケースでは、営業経験がないからと、起業して初めから営業代行に丸投げしてしまい、うまくいかないパターンです。「営業のプロにお願いしているのに、なかなか契約を決めてくれない」とため息をつくのですが、逆に営業代行の方からしてみると困った話なのです。

営業代行の方は、頼まれた商品に合うお客様はどういう人か見極め、ターゲットを決めます。そして、そのターゲットに接触するにはどの人脈をたどればいいのか、どのような売り方をすれば反応が高いのかという経験をもとに営業をかけます。

ですから、自分の商品を売ったことがない、つまりこの商品はこういう層に売れたとか、このやり方では売れなかったというデータがない場合、まずターゲットを調査するのに時間がかかり、とても動きづらいのです。最初は自社でやってみて、「このパターンなら売れる」と分かった段階で、その成功パターンで拡販させるために営業代行業に頼むというのが上手なやり方です。

提携先や協力企業が増えると、それだけ事業に弾みがつきます。しかし、大事なことはその相手に過度に頼りすぎないことです。頼んだきりで自分で確認しないでいると、思わぬ結果になるかもしれません。

前職と同じ仕事をする

もともと勤務していた会社と同じ業種で起業する起業家は非常に多いです。とはいえ、顧客を奪うような「全く同じ仕事をする」のはタブーと心得てください。前職の会社が同業での起業を防ぐために、同業での起業をしない、もしくは会社で得た特別なノウハウを使用した仕事をしないという誓約書にサインしていることもあります。

前職のつながりで、起業時からお客様がいるという方もいますが、元の会社が持つ顧客情報を自分の起業時に活用してしまうと、元の会社とトラブルになり、場合によっては訴訟に発展する可能性もあるのです。個人情報保護法、不正競争防止法のほか、雇用契約や就業規則などさまざまな法令や契約に違反する可能性があります。

一旦こじれてしまうと、その先仕事がやりづらくなり、最悪の場合、廃業になる可能性も……。一方で、しっかりと折り合いをつけて、前職とよい関係で仕事をしている方もたくさんいらっしゃいます。

前職の顧客リストを持ち出すのがNGなのは言うまでもありませんが、理由があって取引を続けなければならないこともあるでしょう。例えば先方から「独立してもあなたに頼みたい」と言われるとか、自分が辞めてしまうと取引をしていた部署がなくなってしまい、相手側が困ってしまう、などの事情です。

相談にお越しになったある男性は、お世話になった取引先に独立する旨を伝えたところ、「独立しても引き続き担当をお願いしたい」との話があり、会社とのトラブルを避けるため、社長にどのように話せばよいか悩んでいました。

このケースのように、前職の顧客を起業後の顧客にする場合、次の3つの方法を考えてみましょう。

①営業譲渡

顧客を譲ってもらう対価として、一定の金額を元の会社に支払います。譲渡の条件や金額を明確にするため、契約書を交わすことをおすすめします。

②元の会社からの再委託

顧客と直接、取引契約を結ぶのではなく、間に元の会社を入れて元の会社から仕事を請け負います。直接契約に比べて利益は減りますが、その顧客は元の会社が獲得した取引先であるため、その顧客と取引を続ける限り、元の会社が一定の利益を得るようにする、という考え方です。元の会社からすれば、担当者の退職により顧客を失う、という事態を防ぐことができます。

③元の会社との紹介契約

顧客と直接取引し、元の会社とは顧客紹介契約を結んで、一定の紹介手数料を支払います。手数料は例えば「売上金の○%」といった形です。ただ、元の会社は売上金がいくらなのか、客観的に知るすべがほぼありませんので、信頼関係がなければこの方法は難しいでしょう。

前出で紹介した男性は、社長とよく話し合い、その取引先とは今の会社からの再委託を受けて仕事をすることにしました。起業直後で資金面が一番苦しいとき、一定の売上を見込めるので、とても助かると話しています。

また、ある元商社マンの場合は、前職と全く同じ商社の仕事をしています。ただし働いていた商社では、何億円という規模の商材しか取扱わず、1億円以下の取引は引き受けていませんでした。男性はそこに目をつけ、退職後に起業してからは、大企業が手を出さない1億円以下の商材のみを取り扱い、前の会社とバッティングしないような形で事業を展開しています。

このような〝折り合いの付け方〟も、うまく起業する方法の一つだと思います。

最新の情報に触れていない

起業しても、「視野が狭い」となかなかうまくいきません。「これしかない！」と思い込んでいるために、チャンスを逃してしまったり、事業が限定的になりすぎるからです。

なぜそのようなことが起こるのかというと、情報不足によるものが大きいと思います。多くが一人で起業するシニア起業家は、会社勤めのときと比べ、入ってくる情報が少なくなります。会社にいれば当たり前のように同業他社の情報や業界の話が聞こえてきましたが、起業後は意識して情報を取りにいかないと、なかなか入ってこないのです。そのため、その業界の流行を見誤っていたり、見当違いになっていたりすることもあります。

そうすると、事業の展開が遅れたり、時流に合わないまま苦戦して、失敗してしまうのです。

また、中には一人で悩みを抱え、行き詰まっている方もいます。そのような方には、定期的に交流会に参加して新しい情報を仕入れたり、いろいろな方とお話して自分の事業を客観視することを大事にしてほしいとお話しています。

私自身は、定期的に交流会や展示会に参加して、旬の情報を意識して取り入れるようにしています。交流会でいろいろな方とお話をすると、悩み解決のヒントになるような情報が手に入ります。それに展示会では、最先端の情報をまとめて知ることができます。最新のＩＴサービスを見て、当社で導入できないかと検討することもあります。ひと昔前は、使いたくても使えなかった数百万円もする高額なサービスが、技術革新で数万円でできるようになっていて驚くことも。新しい情報に触れることで、ずっと悩んでいた経営課題が簡単に解決することもあり得るのです。

交流会について、もう少し詳しくお話しします。交流会に参加すると、役立つ情報や意見を聞けるだけでなく、自社の商品・サービスを宣伝する機会になったり、相談相手が少なく、孤立しやすいとされる経営者の仲間作りのきっかけにもなり、ネットワークが広がります。

交流会は各地で、いろいろな会が開かれています。参加者の業種が決まっているものや異業種交流会、会員制もあれば不特定多数が参加する会、規模的にも100人以上集まる会もあれば、少人数制のものもあります。参加費も1000円から数万円とさまざまです。どの会が自分に合うか、あるいは事業にプラスになるかは参加してみないと分かりません。あちこち足を向けて参加してみるのが一番でしょう。

交流会は主催者によって会の雰囲気が異なります。会の趣旨も大切ですが、自分にとって居心地がいい雰囲気かどうかという点も意識するべきです。

交流会に参加するときには、名刺を持参するのが一般的ですが、相手があなたの事業に関心を持った場合に備え、説明用のチラシやパンフレットを数部持っていきましょう。話が弾みますし、事業の印象も強く残るはずです。

注意したいのは、自社の宣伝ばかりしないことです。お互いのことを知って初めてビジネスがスタートするということです。相手方のお話もしっかり聞き、互いのビジネス上の接点を模索することが大事です。

また、短いスピーチやプレゼンテーションをする会もあるので、自社事業を簡潔に説明できるよう準備しておきましょう。会によって異なりますが、時間は30秒～2分ほどが多いです。事業概要のほか、他社と比較した自社の強みを説明に加えることがポイントです。短く簡潔にお話ができるよう事前に練習をしておくと安心です。

さらに、交流会参加後のフォローも大切。今後どのようなお付き合いができるか、交流会に参加している間によく考えておくとよいでしょう。私は交流会に参加後、2日以内に名刺交換した方全員にメールでお礼のご連絡をするようにしています。

なお、交流会は起業後だけでなく、まだ起業アイデアを練っている段階でも参加することをおすすめします。「起業もしていないのに交流会なんて……」と気後れする必要はありません。起業準備中や在職中に、先輩起業家と会う機会はなかなかありませんし、実体験を持つ起業家と話をすることは、事業計画を練り直したり、アイデアを磨くきっかけになります。

起業前だと起業に対する不安が大きくなりがちで、清水の舞台から飛び降りるような気持ちで考えている人がいますが、起業家の話を聞けば不安が和らぐかもしれません。同世代の方がどのような事業をしているか聞いてみると、とても勉強になると思います。

知らない人ばかりが集まる場は苦手だという人もいらっしゃるかもしれません。どんな人がいるのか、会が自分に合うのかなど不安な点もあると思います。もし参加しづらい場合、知り合いの方と一緒に参加してみるのはどうでしょうか。あるいは、参加したらまず主催者に挨拶に行き、どなたかを紹介してもらうのもよいでしょう。得られるものも大きいと思いますので、勇気を持って参加してみてください。

経験が浅い分野に手を出す

「やりたいこと」と「やれること」に距離があるのに、勢いで未経験の分野に飛び込んでしまい、事業が思うように進まない方がいます。第1章で紹介した「3つの円」を思い出してください。3つの円がすべて重なった部分で起業すると成功率は上がりますが、かけ離れているのであればその反対です。

経験不足の分野に手を出したばかりに、うまくいかなかった例を挙げてみましょう。デザイナーとして長年仕事をしていたYさん（55歳）は、自分でデザインしたオリジナルの服を作りたいと思い起業しました。しかし、製造や販売に関しては未経験で、製造コストを安くしようと大量発注で海外の工場に依頼。言葉がうまく通じず予定の製造スケジュールが延びてしまいました。

また、営業が苦手で、インターネットでの通信販売だけで売り切ることを考えていましたが、売上が伸びず、大量の在庫を抱えてしまいました。商品の仕入れや広告宣伝費などに初期投資を３００万円もかけたにもかかわらず、月商は５万円。もし製造や営業について知識があれば、もう少しうまく事業をスタートすることもできたはずです。


経験が浅い分野に手を出すのであれば、起業後の具体的な策を練りましょう。

起業相談に来た男性から、「起業して旅行業をやってみたいんだけど、できると思いますか？」と尋ねられました。旅行業で起業したシニア起業家はいますから、答えはイエスです。しかし、その男性にとって旅行業は前職と畑違いで、経歴も人脈もつながりのない分野でした。

事業計画書を見ると、「初年度から１００人の顧客を獲得」と書いてあったため、集客方法を聞くと「口コミで広めてもらう」と具体策がありません。さらに、「その口コミは、どうやって広めるつもりですか？」と聞いたところ、「頑張って広めます」と力強くおっしゃいましたが、集客の具体的なプランがないのであれば、予定の顧客を集めることは厳しいでしょう。

全くの未経験分野の場合、具体性や必要な段取りが抜けていることが多く、起業してから「こんなはずではなかった」「計画通りに進まない」ということになってしまいます。男性の場合は、計画通りに集客を考えるのであれば「旅行好きのグループのメンバーだから、彼らが見込み客になり、そこから口コミで広めていくつもり」などの具体策があることが前提です。その男性の事業計画は見送りになりました。

また、よくある失敗例では、自分の強みを活かすよりも、流行りものに手を出して、うまくいかなくなるパターンです。福岡から相談にお越しになった男性

(60代)は、会社を退職した後、フランチャイズで起業をしたいと考えていました。時間をかけて東京に相談に来るくらい真剣で、A4ノートにびっしりとフランチャイズの比較表を書き出し、熱い気持ちで事業計画書を練り上げていました。しかし、調べ抜いたあとで、その男性が選んだのは「ネイルサロンのフランチャイズ展開」でした。ネイルサロンを選んだ理由は、「小スペースでできて、儲かりそうだから」というもの。

フランチャイズであれば、加盟金を支払って起業はできるでしょう。ただし、加盟店の社長として営業活動するのは自分自身です。ネイルサロンのサービスや流行しているネイルの柄、素材についてよく知っている必要がありますし、ネイルサロンに合う顧客層のことを知っておかなければ、集客も難しいはずです。

さらに、起業は最初から儲けることを考えると失敗しやすいもの。なぜなら、大企業のサービスと違って、お客様が「この人からサービスを受けたい」と考えるのは、起業家に共感するからです。その思いがあるから、お金を払いたい、人にも紹介してあげたいという気持ちが生まれます。いくら儲かりそうなものだとはいえ、情熱や思い入れのない商品やサービスは、競合他社との差別化が難しく、固定客作りも大変で、事業を継続することが困難かもしれません。

儲けにこだわりすぎず、社会貢献をしながら人々に感謝され、「お金はあとからついてくる」と捉えると、起業はうまくいきやすくなると思います。

第5章

シニア起業で成功するのは○○な人

シニア起業で大きく稼ぐことも夢ではない

自分の身の丈に合った形でスタートする「ゆる起業」は、やりがいはあるけど〝儲からない〟といったイメージを持たれるかもしれません。ゆる起業の金銭面での目標は、年商を前職の年収レベルにすることですが、創業2～3年で多くの人が目標をクリアしています。これまで支援してきた方々の詳しい収支データを取っているわけではありませんが、その後のお話を聞く限り、目標の売上に達成している方が8割前後というのが実感です。

金融業界で30年間営業に携わり、50代で起業した齋藤智さん（62歳）は、営業代行の会社を立ち上げ、年商5000万円を売り上げています。営業マンらしい人当たりの良さを強みに、前職で培った「人と人をつなぐ」スキルを最大限に発揮してのことでしょう。ゆる起業でリスクを小さくして始め、軌道に乗せていけば、大きく稼ぐことも決して夢ではありません。

そこで、この章ではどんな人が成功しているのか、そのヒントを紹介していきたいと思います。

シニア起業で成功する人は後ろを振り返らない人

シニア起業で最も悩むのが、〝起業時〟です。その時期を乗り越えて前向きに仕事ができる人は、その後の展開がうまく進んでいくように思います。

起業を考えて銀座セカンドライフを訪れるのは55歳から60代前半の方が中心です。少し前までは定年後に起業を志す方がほとんどでしたが、最近では在職中に準備をする方が大半を占めています。在職中に起業準備をする方の中には、起業したいという想いは会社に伏せながら起業に向けて計画を立てていく方もいます。そうすると、会社に対して後ろめたい気持ちや、一人で抱えることにストレスを感じてくることがあります。退職前の3カ月～半年は、事業計画書をまとめたり、ホームページを準備したりと忙しく、起業準備と現職の兼ね合いで精神的に大変になってくるわけです。

私も起業準備のときは大変でしたので、辛い状況というのはよく分かります。ただ、起業するとすっきりして、自社の商品やサービスに集中することになるので、「起業する」と決めたらあまり考えすぎず、前向きに起業準備を進めることをアドバイスしています。

いざ起業したら、前職を振り返らず積極的に自社の商品やサービスを売り歩くことが求められます。うまくこの切り替えができる方は、新しい顧客を発掘するために交流会に参加したり、見込み客に営業をかけたりと、「悩むよりも慣れろ」の精神で動き回ります。

また、起業したてのころは、お客様とのコミュニケーションがうまくいかず、取引先と交渉がこじれたり、初めてのことばかりで動揺することもあるでしょう。

ただそれは、多くの起業家が経験する道ですから、「壁があっても突き進む」という強い気持ちを持って挑戦し続けることが大切です。

そのためには「情熱」が必要です。なぜ起業してこの事業を始めたのか、ご自身の〝原点〟を忘れないようにしましょう。軸がしっかりしていれば、何があってもブレずに、やらなければならないことに集中できます。

「自分の事業を実現するんだ」という熱い情熱と揺るぎない決心がある方は、そのまま成功をつかむことが多いように思います。

シニア起業で成功する人は貝のような人

「起業して間もないのに、とてもうまくいっているようだ」と感じる方は、起業するまでの間に必要なものを揃えたり態勢を整えたりして、人知れず準備しています。在職中に表立って起業の準備をしていることを話す人は少ないので、気づかないかもしれませんが、自分に足りないものを起業前にしっかりと準備しているので、起業後がとてもスムーズなのです。

例えば、ジョギング用品の販売で起業した男性がいるのですが、初めて起業相談に訪れたときに「趣味で長年やっているジョギングを快適にするグッズ販売をしたい」というアイデアをお持ちでした。

この方のすごいところは、起業前にフェイスブックでジョギング仲間を3000人以上集めていたことです。国内各地で開かれる大会に出場すると、お互いに励まし合い、切磋琢磨できる仲間が増えていくのだそうですが、ただ趣味としてSNSで仲間とつながっているのではなく、起業後にジョギング用品を販売することを考えてのこと。

つまり、趣味でジョギング仲間を広げると同時に、それを起業準備としても捉えていたのです。有力な見込み客リストがある状態で起業できたので、彼が発案したジョギング用の手ぬぐいは、3000人を超える仲間から一斉に口コミで広がっていきました。

また、在職中から「起業後に取引してもらえるか」と、事前に交渉を始めている方もいらっしゃいます。

なかには、家族の名前などで事前に法人化し、契約書を交わしておいて、起業後の〝確実な売上〟を確保する方もいらっしゃいます。会社勤めから起業へのスムーズな移行という意味では、とても有効な手段だと思います。

特許が絡むような商品やサービスで、誰かにマネをされると意味がなくなってしまう内容で起業を考えている方は、特に綿密に準備を行っているようです。起業したときには、特許等の知的財産権の出願はすでに終わっているというのが、私が見てきた成功者のパターンです。専門家への相談も定期的に行い、自分では見えなかった課題を解決して起業しています。

とはいえ、在職中に起業してやりたいことが決まっている方は少数派です。「起業はしたいけど、何ができるか、また何をすればよいのか分からない」と悩み、日々アイデアを練っているという方が多いでしょう。

ただし、成功していく方は、その間も鬱々と悩んでいるのではなく、第1章で紹介した「3つの円」に取り組み、起業アイデアを練りながら、積極的に必要なものや足りないものを揃えたり、専門家に相談する時間に充てています。

在職中にできることはたくさんあります。在職中の仕事で得たヒントを基に起業している方も多いです。

例えば、医薬情報担当者（MR）だった男性は、病院の医師や薬剤師に情報を提供する際、看護師と会う機会も多く、あるとき、たわいのない会話の中で「もっとステキな看護服はないの？」と尋ねられたことが、起業のヒントになったそうです。退職後はイタリア製の看護服を生産し、病院やクリニックの人脈を活かして販売して、看護師から大変喜ばれているそうです。

起業後に同じような薬剤の営業の仕事ができるかといえば、前職の競合他社になってしまうため難しいかもしれません。病院とのコネクションを活かしながらも、前職と仕事内容がかぶらない、看護服を作るということで起業を実現させました。

もう一つ例を挙げましょう。介護職の50代の女性が起業して新サービスを立ち上げました。彼女はヘルパーとして介護が必要な家に毎日訪問していたのですが、記録を作るため、一度事務所に戻らなければならない手間に困っていました。そこで、タブレットを利用してその場で記録を書き込めるシステムを作り、販売することに成功しました。

このように、在職中にも起業の手がかりはたくさんあります。意識して拾い集めるだけでも、十分な起業準備になると思います。成功する人は、起業準備中はなるべく口外しないで綿密に計画し、準備が整ったら一気に開く、まるで〝貝〟のような人だと感じています。

シニア起業で成功する人は家族の協力を得られる人

起業するうえで家族の協力は欠かせません。特に起業したてで事業が安定していないときは、配偶者に手伝ってもらったり、さまざまな面で支援してもらうことになるため、家族の理解がとても大切です。

事業がうまくいっている人は、家族の十分な理解や応援があるものです。ただし、注意したいのは、家族だから何でも助けてもらえると思い許容範囲を超えてお願いしてしまうことです。そうすると、知らず知らずのうちに家族関係に亀裂が入ってしまうこともあります。家族へは遠慮なく頼みたくなりますが、「見守ってもらう」ぐらいを前提にしましょう。もし家族に手伝いを頼むのであれば、感謝の気持ちを伝えることを忘れず、売上が上がってきたら報酬も支払うべきです。そうでないのであれば、無理のない範囲で家族の協力を仰ぎましょう。

また、起業を考えたら早めに家族に相談することをおすすめします。計画段階で話しても理解してもらうのが難しい場合は、子供の独立やローン完済などを考慮した家族のライフプラン表を作って説明してみてはどうでしょうか。家族の人生設計に応じたライフプラン表で、起業後の家計の収支と貯蓄プランを説明するのです。起業後の計画を数字で見せることで、漠然とした不安が解消されやすくなります。

特に先の長い50代で起業を考えているなら、家族が抱えがちな不安を取り除く努力が必要だと思います。事業計画書を見せたりして、起業後のイメージを家族と共有することも大切です。

また、家族が不安に思うことの多くはお金に関することです。「事業が軌道に乗るまで借金をしない」と明言し、ゆる起業であることを説明するのも一手でしょう。起業セミナーにご夫婦で参加される方もいらっしゃいます。最初は一人で参加された方が、二度目に配偶者を連れて参加している姿をよく見かけます。

実際、50、60代で家族から大反対されたという方はあまりいないように感じます。思い切って「起業したい」と家族に打ち明けたところ、「いいんじゃない」という反応だった、という話を聞くことが多いです。

背景として「人生100年時代」になり定年後の人生が長いことや、まだまだ仕事をしたいという本人の気持ちを尊重する家族の思いがあり、反対が少ないのでしょう。

家族の気持ちを代弁するなら、退職後にずっと家にいてもらうよりも、仕事をし続けてもらえる方が、生きがいにもなりますし、家計の助けにもなるという利点が挙げられます。加えて、前職のように仕事一色ではないスタイルを家族も望んでいるため、ゆる起業は家族にとってもよい選択だと映るようです。

シニア起業をしてから、家族関係がよい方向に変わったという声が多いです。プライベートの時間を持ちやすいため、家族と密に関わる時間も長くなりますし、何より自分のやりたいことをやり、いきいきしている姿は誰が見ても応援したくなるものです。

中には、ゆる起業をした配偶者に触発されて、夫婦で起業する方もいます。お互いに切磋琢磨し合っている姿を見ると、とても羨ましく感じます。また、同じ事業を一緒に経営している夫婦や、家族全員でお金の管理や事務を手伝っていることも珍しくありません。起業を成功させるためには、理解してくれる家族が不可欠。上手に家族と関わりながら、第二の人生をスタートさせましょう。

シニア起業で成功する人は柔軟な人

「年齢を重ねると柔軟性が失われる」「経験が邪魔をする」などと言われることがありますが、果たしてそうでしょうか。これまで見てきたシニア起業家の方々は、経験と人脈が豊富で、包容力があり、面倒見のいい方も多いので、サービスの質は高いと思います。

さらに仕事が途切れず成功している人たちは、最初の事業計画はあくまでも〝計画〟で、仕事をしながら周囲の意見や要望を聞き、サービスを変えていくほど柔軟です。

時代は絶えず変化していますし、いくらテストマーケティングをしても、実際やってみると顧客の要望とズレがあったということはよくあります。起業後は、顧客にアンケートを取ったり、意見を聞き、顧客ニーズに合わせて商品やサービスを改良し、売上を伸ばす努力をしているのです。

時流に乗ることも成功パターンの一つです。時流とは、社会課題の解決につながるものや、トレンドのものです。例えば、「レンタルオフィスを開設する」にしても、超高齢社会の課題解決のために「シニア起業家のためのレンタルオフィスを開設する」というコンセプトがあれば、周囲の関心は高まります。

他にも、少子高齢化を解決するため、婚活支援会社を立ち上げ、行政へ課題解決のためと情熱を訴え、タイアップしてパーティを開き、見事成功させたシニア起業家もいます。自社のサービスを俯瞰して見ることで、新たな見せ方があることを知っておくといいでしょう。

最近ですと、終活支援や婚活支援、民泊や教育、最新技術「VR（バーチャル・リアリティ）」関連で起業する方が増えています。70代で新技術を取り入れたサービスをスタートさせた方もいますし、何歳になっても好奇心旺盛で柔軟に動ける方は、次々と事業を展開して成功させています。

また、どんな仕事の話を持っていっても、「話を聞いてくれそうだ」「何かしてくれそうだ」と思われる人のところに仕事は集まるようです。

実際にそんなシニア起業家がいらっしゃいます。これまで外資系の大手コンピューターメーカーやIT企業に勤務し、定年退職後にIPOテクノ株式会社を立ち上げた加瀬滋さん（69歳）は、毎回会うたびに事業内容が変化します。中小企業向けのソフトウェアを開発していたと思えば、リサイクル品の販売や部品の輸入卸売り、化粧品の販売もされていました。

いろいろな話が持ち込まれるので、相談に乗ったり、できることを手伝っているうちに、自社の仕事として取り入れているようです。〝来るもの拒まず〟で、ご縁があったものをすべて吸収して仕事にしているのです。営業して自分のサービスを買ってくれる人を一生懸命探す人がいますが、それよりも加瀬さんのように相手の依頼に応えつつ仕事をした方が、売上は上がりやすいものです。

さらに、ゆる起業を考えるにあたって、「こだわり」を持ちすぎないということも成功するうえでは重要かもしれません。食品の宅配サービス事業を立ち上げた「ＪＰ企画販売サービス」の清水次朗さん（70歳）は、もともと靴に強い思い入れがあり、靴の製造・販売で起業したいと相談に訪れた方です。

ただ、お話を聞くと未経験分野での起業であり、靴の製造工場探しや販路をどうするかなど、多くの課題がありました。そこで、まずは前職の食品会社での経験や人脈を活かせる事業で考え直してみてはどうかとアドバイスしました。

結果、清水さんは、起業前に事業内容を全く変え、今後一人暮らしの高齢者が増えていくという社会課題の解決に向けて、食品や日用品の配達を行う「宅配専門まいど屋」を始めました。現在5年目になりましたが、順調な売上で、納品や商品管理を手伝ってくれる人の協力を得て事業を大きくさせています。

シニア起業で成功する人は堅実な人

堅実に進めていくのが、シニア起業です。具体的にいうと、「計画を堅く見積もる」ことに集約されます。想いだけで突き進むのではなく、事業計画が大切です。特に資金面の計画はしっかりと立てましょう。

私の会社に相談にお越しになる方には、1年間の「月次の利益計画表」を作っていただいています。毎月の売上と経費の予測を記入し、利益（損失）が分かる表です。2年目、3年目は年次計画を作り、シニア起業の場合は、3年以内で投資を回収する計画をおすすめしています。最初に経費をかけて赤字になったとしても、途中で黒字に転換して利益を出し、過去の損失分を3年以内に回収し終えるように計画を立てるのです。利益計画表にしてみて、もし3年以内に投資回収が難しい場合は経費を抑え、早めに回収する現実的な計画表を作成します。

「やってみないと分からない」という要素を事前にどれだけ減らしておけるかがポイントです。例えば、カフェを開設したいという計画であれば、まず、客単価×人数で1日あたりの売上を計算します。それを基に積み上げて、週の売上、月の売上を算出します。

起業してからの毎月の売上推移を計画しますが、注意点として、席数などにより客の受け入れ人数が決まり、売上の上限が決まる場合は気をつけましょう。また席数は足りても、今の人員で対応しきれない場合は、人を雇うタイミングも利益計画表を見ながら考えましょう。

さらに不安な場合は、「楽観的」と「悲観的」の2種類の利益計画表を作るといいでしょう。悲観的な計画というのは、カフェを維持するうえで最低限必要な売上を確認するためのものです。つまり、その売上がなければ閉店する目安です。お店を維持するのに、1カ月に必要な経費を確認し、逆算して、1日あたりの売上金額を出し、その達成のためには1時間にどれだけの売上を上げる必要があるのか……といった具合に、営業日数や営業時間で細分化すると、実際その売上が達成できるのか、計画の実現可能性が判断しやすくなります。

利益計画を立てると、実現が可能かどうか判断しやすくなり、事業を軌道修正して堅実志向になる方が多いです。例を挙げると、ヨガ教室を開こうと考えていた男性（56歳）に資金の計算をしてもらったところ、教室を借りるための初期投資が大きな負担となることが分かりました。そこで、固定のお客様ができるまでは教室を持たず、各地にあるセミナールームなどを時間借りして始めることにしました。

初期投資を大幅に削減できただけでなく、さまざまな会場でヨガ教室を開催できたため、お客様の多い地域を把握できました。そのうえで出店地域を決めたため、順調に事業を軌道に乗せることができました。

オリジナルの服や小物などの販売を考えている起業家も、最初から店舗を持ちたいと考えている方が多いです。しかし、利益計画表を作ってもらうと、想像以上に資金が必要とわかり、黒字にするための売上目標が高くなりすぎる〝ズレ〟に気がつきます。こういった〝ズレ〟を起業後に実際やってみてではなく、起業前に気づくことが大切なのです。

シニア起業の成功の秘訣は、やっぱり「ゆる起業」

「ゆる起業」の特徴は、〝一か八か〟といった切迫感はなく、自分の幸せや充実感などを得るための、無理をしない〝ゆるり〟とした気持ちで臨めるところです。

自分のできることで起業し、日々小さな挑戦をしつつ、事業を広げていくことが理想だと考えています。

今の世の中は、大きな挑戦をする経営者が称えられやすい傾向にあるようです。「世界初の案件に挑戦しました」「大きな失敗をしたけど、その後これだけ売上を伸ばしました」といったストーリーがメディアに取り上げられ、絶賛されています。

ストーリーとしては面白いのですが、実際に起業を考えるのなら、失敗は最小限に抑えて手堅くやるのが第一です。だからこそ、私はシニア起業を応援していますし、ゆる起業のイメージをもっと広げたいと思っています。

第6章

シニア起業の始め方

起業のためのビジネスプランを組み立てよう

これまで、シニア起業の解説から始まり、成功要因や失敗要因を解説してきました。ここからは、具体的な起業準備について説明したいと思います。ご自身の起業のアイデアを考えたら、次ページの８つのステップを行い、ビジネスプランにしましょう。アイデアだけで起業すると、一か八かになってしまい上手くいくかどうか分かりません。「何を、誰に、どのようにして売るのか」ということを考え、ビジネスプランにすることで、起業できるかどうかの判断が可能になります。

たとえば、銀座セカンドライフに相談にお越しになった方は、さまざまな起業アイデアをきっかけに事業を始めようと考えています。「飲食店を開きたい」「アプリを開発したい」「催事の企画支援をする仕事がしたい」などです。しかし、そのアイデアで上手くいくかどうかは、実際のビジネスプランに落とし込まない

ビジネスプランの組み立て方

ステップ① 事業内容を考える

↓

ステップ② 事業環境を分析する

↓

ステップ③ ターゲットを絞り込む

↓

ステップ④ 商品・サービスの内容を決定する

↓

ステップ⑤ 起業形態を検討する

↓

ステップ⑥ 資金・収支計画を立てる

↓

ステップ⑦ 事業計画書を作成する

↓

ステップ⑧ いよいよ開業

とわかりません。他社との差別化はできているのか、継続してサービスを提供できるのか、そもそもその事業を実現できるのかなど、ビジネスプランにする際に、考えていくからです。

各ステップを順序立てて検討し、ビジネスプランを作成することで、起業前に考えておくべきことが整理でき、その実現可能性が高まります。まずは本章で全体像の把握をして、その手順を理解しましょう。

ステップ① 事業内容を考える

自分がやりたいこと、自分のできること、さらにその中からお金になるものを考える。

ステップ② 事業環境を分析する

さまざまなデータや情報をもとに、世論、法律、市場規模、競合環境などを把握し、自分の事業に対する影響を考える。

ステップ③ ターゲットを絞り込む

低コストで最大の効果を生むため、ターゲット（＝顧客）を絞り込む。

ステップ④ 商品・サービスの内容を決定する

「理想の顧客像」を具体的にイメージし、その人の趣味や嗜好、考え方、潜在的なニーズを考え、そのニーズを満たす商品やサービス内容を考える。

ステップ⑤ 起業形態を検討する

起業形態はさまざま。個人事業主として開業するか、法人を設立するかを検討する。

ステップ⑥ 資金・収支計画を立てる

起業に必要な資金を把握し、自己資金がどの程度あるかを確認する。開業資金が足りない場合は、融資や返済不要な助成金の活用などを検討する。

ステップ⑦ 事業計画書を作成する

「何を、誰に、どのようにして売るのか」を整理する。利益計画などの数字面を明確にする。また、第三者に計画を見せて意見や指摘をもらい、事業計画に磨きをかける。

ステップ⑧ いよいよ開業

名刺や会社案内のほか、チラシ、ホームページなど必要なツールを考える。開業時に机、パソコン、ファクス、挨拶状など何が必要かを考え、準備する。

起業までの流れは、以上の通りです。8ステップを具体例で考えてみましょう。①の事業内容が「地元でカフェを開く」ことだったとします。であれば、②の事業環境の分析では、飲食業の市場規模の確認や、競合の調査をします。地元にどんなカフェがあり、競合はどこか、などを分析しましょう。

また、実際に自分の足で歩いてみて、競合のお店のメニューや雰囲気、出店地域の人の流れや立地などを確認することも必要です。さらにグルメサイトを見て情報収集するのもよいでしょう。その分析をもとに、③のターゲットの絞り込みをします。このターゲットは狭ければ狭いほど効果的です。ターゲットを狭めることで、事業も小さくなるのではないかと不安を感じるかもしれませんが、むしろ、どんどん狭めて、一人の「理想の顧客像」を設定した方が、販売戦略を考えるうえで必要なサービスがはっきり浮かび上がってきます。具体的な人物像を考えてみましょう。

カフェのターゲットは、例えば、「子育てが終わり夫と2人暮らしの50代女性、これまで家族中心の生活だったため、自分の時間を大事にしようと考えている」くらいの人物像を描いてもいいでしょう。

そうすることで、「この女性はカフェに気分転換を求めるかもしれないな」「読書の時間としてお越しになるかも」「商品にこだわりがあれば高価格帯でも興味をもってもらえそうだ」とイメージが膨らみます。すると照明や音楽など室内空間や価格設定など、次のステップの、④商品・サービスの内容が考えやすくなるはずです。ターゲットのニーズや要望を満たす、メニューやサービスを考えましょう。

ここまできたら次に、⑤起業形態を個人事業主にするか法人にするか検討します。法人の場合、営利法人として株式会社や合同会社など、非営利法人として一般社団法人、一般財団法人、NPO法人（特定非営利活動法人）などがあります。どの形を採用するかは、事業内容や考え方によって異なるため、自身に合った起業形態を選びます。その後、⑥資金・収支計画を考えながら⑦事業計画書にまとめて、⑧いざ開業です。

ステップ①〜④は、何度も練り直すことをおすすめします。思いつきに近いようなアイデアから一気にステップ⑤に進んでしまうと、実現性に乏しい計画になってしまう可能性が高いです。

「マイSWOT」を考える

ここまでで全体像はつかめたでしょうか。ではステップ①〜④を考えるうえで、自分の強みで取り組むことができるサービスは何かを考えましょう。その時に、役立つツールをご紹介します。「SWOT（スウォット）分析」です。

SWOT分析とは、自分の強み（Strength）と弱み（Weakness）という内部環境、市場における機会（Opportunity）と脅威（Threat）という外部環境を組み合わせて方向性や改善策を洗い出し、どこに事業のチャンスがあるのかを見つけ出すための代表的な分析手法です。企業が経営戦略を立案する際にもよく使われます。今回は起業においてご自身のSWOT分析をし、「マイSWOT」を考えてみましょう。

次の表のように、まずは左側の自分分析に自分の「強み」と「弱み」を書き出します。

「強み」には、第1章で紹介した「3つの円」で導き出した内容を書きましょう。次に上段の外部環境分析には、事業に関係する社会的な要因を書き出します。経済・景気、社会動向、技術動向、業界環境の変化や顧客ニーズなど、自分の努力で変えられない要因を考え、それが自身の事業にとってチャンスとなる「機会」と、売上が下がる要因となり得る「脅威」に振り分け、表を埋めましょう。

この4つを記入すると、「強み」と「機会」がクロスする領域（S×O）から、市場に対して「強みを活かす戦略」が見えてきます。この内容が、自分の強みで取り組むことができる商品・サービスになります。

マイSWOT分析

		外部環境分析	
		機会 (Opportunity)	脅威 (Threat)
		●50代、60代の人口が増えている ●平均余命が延びている→生涯現役を望むシニアの増加 ●再雇用義務化の法案が可決→企業の人件費負担増 ●老齢厚生年金の支給開始年齢引き上げ	●シニア支援をする企業による起業支援事業への参入
自分分析	強み (Strength)	**強みを活かす戦略** (自分の強みで取り組むことができるサービスは何か)	**差別化戦略** (自分の強みで脅威を回避、他者には脅威でも自分の強みでサービスを創出)
	●人見知りをしない ●シニアが好き ●ダブルライセンス(行政書士・FP)	●50代、60代を対象とした起業支援 ●起業するためのセミナーの開催 ●起業のための事務サポートの実施 ●ビジネスパートナー作りや商談の場としての交流会を実施 ●レンタルオフィス運営	●ワンストップフルサポート(シニアを部分的に支援するのではなく、起業から仕事場の提供、交流会などのビジネスチャンスまでを提供) ●普通の起業支援ではなくシニア特有の起業支援サービスの充実を図る
	弱み (Weakness)	**弱みを克服する戦略** (自分の弱みで機会を取りこぼさないための対策)	**専守防衛または撤退する戦略** (脅威と弱さが合わさって最悪の事態を招かない対策)
	●人脈がない ●不得意とする業務、分野がある ●資格を保有しないと行うことができない分野がある ●資金の限界	●ビジネスパートナーを探す ●費用対効果(コスト管理)の検討 ●資金調達と資金繰り	●事業の見直し(不採算事業からの撤退) ●再就職

実は、前ページの「マイSWOT分析」表の中身は、私自身が実際に起業する際に作成したものです。私の場合、大好きな祖母の介護に関わったことをきっかけに、「セカンドライフの支援をしたい」という漠然とした起業アイデアを考えました。

しかし、セカンドライフ支援といっても、何のサービスを行ったらよいか分からず、ステップ①〜④の段階で2、3年悩みました。最終的に解決したのは、起業前の3カ月間で取り組んだ、この「SWOT分析」のおかげでした。

まず、私はあまり人見知りをしない性格であるため、初対面の方とも事業の込み入った話をすることができるのは強みだと感じました。また、おばあちゃん子でシニアが好きであること。さらには行政書士とファイナンシャルプランナー（FP）の資格を持っていることも強みです。

さらに外部的な要素としては、シニア層の増加や、平均寿命が延びていることで、生涯現役を考えている人が増えたことなどがありました。このような「強み」と「機会」を考え、見えてきたのが50～60代を対象にした「起業支援」でした。「起業支援」の具体的なサービスは、最初は個別の起業相談だけでしたが、気軽に起業を勉強できるように、セミナー形式で授業を行うようにしました。

また、起業家は横のつながりを求めている方が多いので、交流会を開催し始めました。さらにお客様とお話ししていると、毎日出社し、起業家同士で交流できる場所が欲しいということでしたので、起業家が共同で利用するレンタルオフィスも始めました。

おかげ様で今では、交流会は110回以上開催し、レンタルオフィスも11店舗になり会員数は5000社を超えました。しかし、始まりは本当に小さい、私ができることを基に始めたのです。

私のように、アイデアはあるのに、何のサービスに結びつけてビジネスにすればよいか分からないというときは、この分析が非常に役に立ちます。時々ですが、相談にお越しになる方から「儲かりそうな事業を教えてほしい」と単刀直入に聞かれることがあります。

ですが、他人の成功事例を基にしても、自分が手掛けられる〝事業〟になるかどうかは分かりません。「人がうまくやっていそうな事業」「最近、流行っていそうだから」ではなく、自分にできる範囲で自分の強みを活かした事業を作り出すことが重要なのです。

事業計画書を作成する

商品・サービスの内容が決まったら、ステップ⑤からは比較的スムーズに考えられるはずです。ビジネスプランを明確にするため、事業計画書を作成しましょう。事業計画書は、取引先に事業内容を説明する際に使うのに加え、融資を受ける場合に金融機関などへ提出する審査資料と一般的に言われていますが、それ以上に私はご自身のビジネスプランをブラッシュアップするために、作成していただきたいと思います。ぜひ、アイデアを形にする過程を楽しみながら、積極的に取り組んでみてください。

事業計画書には、特に決まったフォーマットはありません。情報の過不足がなく、加えて人に対して説得するために必要なポイントを押さえて作成してみましょう。

事業計画書に盛り込んでおきたいのは以下の8項目です。

1. 創業の動機・自身（経営者）の略歴
2. 事業概要・企業理念（自身が思い描いている夢や方向性）
3. ターゲット層・商品やサービス内容・セールスポイント
4. 市場と競合環境（市場規模や成長性、競合、商品の特徴など）

5．販売方法とプロモーション
6．事業に必要な資金とその調達方法
7．利益計画（売上や経費の見積もり、利益予想）
8．起業スケジュール（アクションプラン）

「なんだか難しそう……」とめげそうになるかもしれませんが、一つ一つクリアしていきましょう。

175〜177ページの事業計画書のサンプルを基にお話しします。まずは表紙から。事業計画書のタイトルの下に、「会社名」「業種」「電話番号」「メールアドレス」を記入します。業種は、総務省統計局の「日本標準産業分類」から該当（類似）する業種項目を選びましょう。分からない場合は、「コンサルティング」「システム開発」など分かりやすく書いても問題ありません。電話番号は、携帯電話でも構いません。メールアドレスは、フリーメールではなく、社名やサービス名を使ったオリジナルのドメインを取得する方がよいと思います。信用度も上がりますし、スパムメールと扱われなくなります。

3ページ目には、事業の概略である「エグゼクティブサマリー」を書きます。ここを読めば、何をやりたいのか全体像が分かるように、「事業の概要」と「サービスの概要」「資金計画」を簡潔にまとめましょう。あまりに壮大な計画を書いてしまっては読み手の信用が得られません。あくまでも、実現可能性のある計画を記入することがポイントです。

次のページに、「会社概要」と「略歴」をまとめましょう。ここは行政や銀行などから審査されるときに重要な項目になります。前職で同業種の経験がないと、融資が受けられない場合もあります。今までの仕事とこれからの仕事がどのように関連しているか明確にするためにも、しっかりと今までの仕事や経験を書き込みましょう。

「創業の動機・目的」は、事業に対する情熱、堅実性などをアピールできる項目です。

5～6ページには、「ビジョンと事業概要」「市場と競合環境」をまとめます。ここで今後の夢や事業の方向性を明確にしておきましょう。事業概要は、「事業の仕組み」と「事業の成功要因」に分けてまとめるといいでしょう。

特に成功要因の部分は、客観的に「これを達成すれば成功する」と考えられる、事業成功の肝となるところを記入してください。文章だけでは伝わりにくいこともあるため、グラフや図、写真などを使って工夫するのもおすすめです。

そのうえで、市場ニーズや競合他社と比べて自社がどう違うのか、どのような差別化を図れるのかしっかりと説明しましょう。続いて、「ターゲット顧客層と商品・サービス」「販売方法」をまとめます。商品・サービスの提供方法や仕入れ先情報なども含めてください。

次のページに、起業して3年目までを意識した「事業体制と人員計画」「利益計画」「資金計画」をまとめます。「事業体制」には当初の事業体制、事業を進める中で必要になる人員があると考えるなら採用方法、雇用形態、待遇条件などを記入しましょう。

「利益計画」は、事業計画書の内容を数値に落とし込み、売上から経費を引いて利益が出るかを計画するものです。まず月次で計画を作り、それを積み上げて年次の計画を作成するといいでしょう。

売上高は「客単価×客数」に分解されますから、それぞれの要素を明確化します。客数は予想しにくいところですが、市場分析とターゲットとする顧客像から予測数値を出してみましょう。客単価は、商品やサービスの価格に基づくものですので、経験値や競合他社の価格帯などを参考に設定します。

「資金計画」は、起業時の資金をどのように調達して、何に使うかを表す「資金運用表」と呼ばれるもので、簡易な貸借対照表です。起業して約3カ月の間にどれくらいの資金が必要になり、どのように調達するのか計画します。前述の利益計画と整合性をとって作成してみましょう。

起業にあたっては、経費をしっかりと堅めに見積もることが大切です。「これくらいだと思う」と大雑把な判断ではなく、各費目は計算根拠や前提を明確にします。経費を正確に見積もることで、売上がどれくらい必要なのか逆算できますし、経費を抑えるために事業内容を見直すこともできます。

最後のページには、起業してから1年間のスケジュールや事業を軌道に乗せるまでの行動計画「アクションプラン」をまとめます。

事業計画書のサンプル１

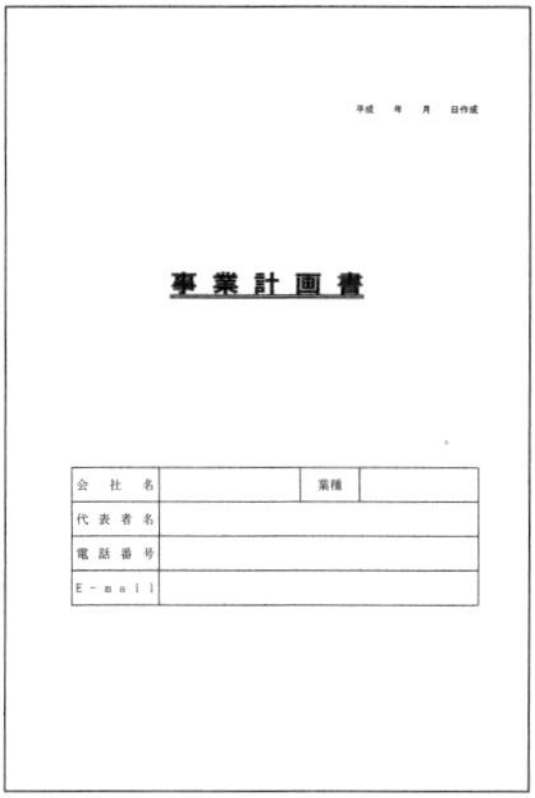

平成　年　月　日作成

事業計画書

会社名		業種	
代表者名			
電話番号			
E-mail			

①

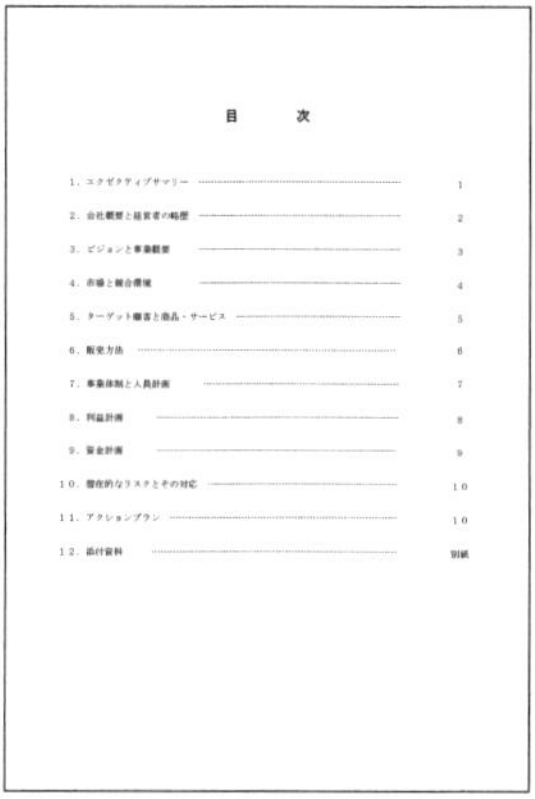

目　次

1．エクゼクティブサマリー …… 1
2．会社概要と経営者の略歴 …… 2
3．ビジョンと事業概要 …… 3
4．市場と競合環境 …… 4
5．ターゲット顧客と商品・サービス …… 5
6．販売方法 …… 6
7．事業体制と人員計画 …… 7
8．利益計画 …… 8
9．資金計画 …… 9
10．潜在的なリスクとその対応 …… 10
11．アクションプラン …… 10
12．添付資料 …… 別紙

②

1．エクゼクティブサマリー

（1）事業の概要

（2）市場と競合環境
・市場環境：
・競合環境：

（3）ターゲット顧客と商品・サービス

（4）販売方法とプロモーション

（5）利益計画・人員計画　（単位：千円）

商品・サービス	平成　年　月～ 平成　年　月	平成　年　月～ 平成　年　月	平成　年　月～ 平成　年　月
・ ・			
売上高計			
経費合計			
うち人件費	（　人）	（　人）	（　人）
当期利益			

（6）資金計画　（単位：千円）

資金の使途（運用）	金額	資金の調達(源泉)	金額
設備資金		自己資金	
うち		融資（　　）	
運転資金		資本金	
うち		その他（　　）	
合計		合計	

- 1 -

③

2．会社概要と経営者の略歴

（1）会社概要

会社名		業種	
代表者名			
住所			
電話番号			
E-mail		URL	
設立（予定）年月日		資本金	
発行済株式数			
従業員数			
事業内容			

（2）経営者の略歴

a．経歴　19　年　月　日生まれ（　歳）

b．創業の動機・目的

c．得意分野

- 2 -

④

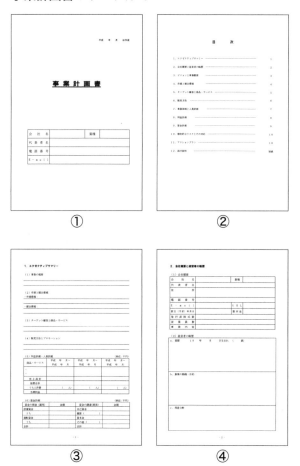

事業計画書のサンプル２

3．ビジョンと事業概要

（1）ビジョンと活動方針

●ビジョン

●活動方針

（2）事業概要

a．事業の仕組み

b．事業の成功要因

- 3 -

⑤

4．市場と競合環境

（1）市場環境　～対象とする市場のニーズや特徴、動向、規模、成長性など

（2）競合環境　～競合の状況、競合企業や競合商品の特徴など

- 4 -

⑥

5．ターゲット顧客と商品・サービス

（1）ターゲットとする顧客とそのニーズ

（2）商品・サービス

a．提供する商品・サービスの内容

b．提供する商品・サービスの仕入れ・生産方法

c．提供する商品・サービスの価格

- 5 -

⑦

6．販売方法

（1）販売経路とその独自性

（3）プロモーション

a．ＰＲ方法

b．顧客満足度向上方法

c．その他の方法

- 6 -

⑧

事業計画書のサンプル３

7．事業体制と人員計画

（1）事業体制

役割	求める業務能力・職歴等	1年目	2年目	3年目
		人（ ）	人（ ）	人（ ）
		人（ ）	人（ ）	人（ ）
		人（ ）	人（ ）	人（ ）
		人（ ）	人（ ）	人（ ）
		人（ ）	人（ ）	人（ ）
		人（ ）	人（ ）	人（ ）
合　計		人（ ）	人（ ）	人（ ）

パート・アルバイト等の人数は人員数の内数として括弧（ ）内に記載して下さい。

（2）組織関係図

（3）人員計画　（単位：千円）

職種	平成　年　月～ 平成　年　月		平成　年　月～ 平成　年　月		平成　年　月～ 平成　年　月	
	人数	人件費	人数	人件費	人数	人件費
	人		人		人	
合計	人		人		人	

- 7 -

⑨

8．利益計画

（単位：千円）

会計期 項目	平成　年　月～ 平成　年　月	平成　年　月～ 平成　年　月	平成　年　月～ 平成　年　月
①売上高			
②売上原価			
③売上総利益（①－②）			
販売管理費　④役員報酬・給与			
⑤地代・家賃			
⑥通信費			
⑦販売促進費			
⑧減価償却費			
⑨その他経費			
⑩販売管理費合計（④～⑨）			
⑪営業利益（③－⑩）			
⑫＜営業外損益＞			
支払利息等			
⑬経常利益（⑪＋⑫）			
⑭税引前当期利益			
⑮法人税等			
⑯当期利益（⑭－⑮）			
⑰損益分岐点売上高			

- 8 -

⑩

9．資金計画

（1）資金計画　（単位：千円）

資金の使途（運用）		金額	資金の調達（源泉）		金額
設備資金	保証金		④自己資金 ＊法人の場合は資本金以外の自己資金		
	改装費		融資		
	備品				
	その他			⑤融資合計	
	①設備資金合計		資本金		
運転資金	仕入れ金				
	人件費				
	地代家賃			⑥資本金合計	
	その他		⑦その他（　　）		
	②運転資金合計				
③合計（①＋②）			⑧合計（④～⑦）		

（2）返済計画　（単位：千円）

期間		／～／	／～／	／～／	／～／	／～／
返済財源	当期利益					
	減価償却費					
	①返済財源合計					
②返済額						
差し引き（①－②）						
不足分 別途資金調達方法						

- 9 -

⑪

10．潜在的なリスクとその対応

潜在的なリスク	対応策

11．アクションプラン

	1月	2月	3月	4月	5月	6月	7月	8月	9月	10月	11月	12月

- 10 -

⑫

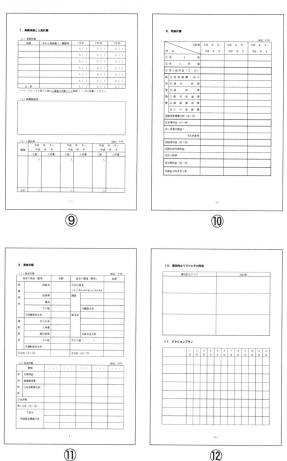

以上が事業計画書作成のポイントです。書き上げた事業計画書は、先輩起業家や起業支援の専門家に見せ、アドバイスをもらい、ブラッシュアップしていきましょう。

起業準備にどれくらい時間をかけるもの？

事業計画書を作成すると、ぐんと実現可能性が高まるのを感じるはずです。起業準備期間は業種により異なりますが、一般的には3カ月です。この間に、どんなことを検討しておけばよいのでしょうか。よく起業してから聞かれる、「こういうことをやっておけばよかった」「知っておけばもっと楽だったのに」という声をまとめました。起業する前に、自分の事業に必要かどうか一度チェックしてみてください。

●活用できる補助金・助成金はあるか

補助金や助成金は返済不要の資金です。種類も数も非常に多く、さまざまな募集内容があります。また、制度の改廃が多いため、利用するときは最新の募集内容をしっかり確認してください。詳しくは、第7章でお話しします。

●認許可が必要な業種か

法律や条令により、許認可が必要なケースがあります。例えば、飲食店は保健所の許可が必要です。それ以外に、中古品販売、理美容業、旅行業、ペットショップなども許認可が必要です。

許認可には、大きく分けて「許可」「届出」「登録」「免許」の4つの制度があります。それぞれ受付窓口が異なり、業種や業態によっては一つの事業に複数の許認可が必要なこともあるので、事前に確認しましょう。

●会計記帳・税務申告は税理士に依頼するか

「会計の実務経験がない」という方は多いと思います。法人の場合、税務申告は税理士に依頼する方が多いですが、日々の記帳業務は会計ソフトを利用して自分で入力するか、記帳代行会社にアウトソースすることもできます。最近では青色申告に対応した会計ソフトが充実しています。特に詳しい簿記の知識がなくても、経理事務を行うことは決して難しくありません。

●ホームページはどのように制作するか

見込み客を集めるうえでも重要なホームページ。起業家にとって、会社や商品の詳しい内容も説明できる便利なツールになります。制作会社に依頼する以外にも、自分で簡単に制作できる方法があります。おすすめしているのは、『はじめてWEB』というサービスです。ひな型となるテンプレートが充実しているため、ホームページの知識がなくてもテンプレートを選択していくだけで、作ることができます。しかも1年間は利用料が無料です（2年目からは年1万7640円が必要）。

●名刺・会社案内をどのように制作するか

名刺は絶対に必要です。在職中の場合や起業していなくても、準備を始めたら早いうちに名刺を作ることをおすすめします。最近では、無料コンテンツをダウンロードして、パソコンで簡単に名刺や会社案内が作成できます。制作会社などに依頼するのに比べて、初期投資を抑えることができるのがメリットです。

●事務所の住所や、仕事や打合せのスペースをどこにするか

賃貸で事務所を借りる以外に、コストを抑えるため、自宅を事務所にしたり、レンタルオフィスを利用することもできます。月額料金も数千円からと安価なタイプもあります。

起業資金はどうすればいい？

シニア起業は、50万円以下で起業している人が多いと第1章で述べましたが、2006年に会社法が改正されたことが背景にあります。これまで株式会社は最低1000万円が必要とされていましたが最低資本金制度を撤廃し、新会社法では実質〝1円〟の資本金で会社設立が可能になりました。

さらに、インターネットの普及で高い経費をかけずに宣伝が可能になりましたし、外部とのやりとりもメールなどで簡単に行えますから、余計な経費がかからなくなったのも大きな理由です。

起業資金を準備するのに、預貯金や株などの自己資金以外の選択肢もあります。それが、融資やベンチャーキャピタル、補助金・助成金、クラウドファンディングで調達する方法です。

融資については私は公的融資を推奨しています。公的な融資は、起業する人にとって優遇措置が多く、低金利で借りやすい制度といえます。ベンチャーキャピタルとは、投資会社から大口のお金を出資してもらう方法です。

返済不要な資金調達の手段である補助金

補助金・助成金は、中小企業支援のために、国や地方自治体、その他公的機関などが支給する資金で、返す必要がないためとても人気です。上手に利用すると、資金繰りがよくなり事業展開もしやすくなります。創業するときだけでなく、新たな雇い入れ、雇用の維持、従業員の能力向上、販路開拓など、資金調達の必要性が生じたときに検討しましょう。

あまりにも魅力的な制度のため、誤解されるケースがしばしばあります。注意点も挙げておきましょう。まず、補助金や助成金は後払いになっていて、「経費をかけた後にしか受け取れない」ということです。また、かけた経費の全額が支給されるわけではありません。一部自己負担が必要です。

例えば20万円でホームページを業者に作成してもらった場合、まず自分で20万円の経費を業者に支払った後、自治体から10万円が支給されるといった具合です。

さらに、申請には書類作成と審査があります。全員が補助金をもらえるというわけではありません。また、経費を使った後に補助金を申請しようとする方がいますが、申請は経費を使う前に行わなくてはなりません。募集時期も限られているので、注意する必要があります。

いま起業者向けに補助金や助成金など、起業のための支援制度が増えています。第7章でも詳しく説明したいと思いますので、参考にしてください。

クラウドファンディングという新しい手段

クラウドファンディングは、最近人気がある資金調達方法です。「こんなモノやサービスを作りたい」「社会問題を解決したい」といった思いを持つ起案者が、インターネットを通じて不特定多数の人から資金を集めます。

起業コンセプトや想いを、クラウドファンディングのホームページに掲載し、例えば1万円、3万円といった単位でスポンサーを募り、資金を提供してくれたスポンサーに、商品やサービスでお返し（=リターンと言います）をします。コンセプトや想いに共感したり、リターンが魅力的だと、資金は集まりやすくなります。

起業家目線でいえば、資金調達の目的だけでなく、見込み客集めやファン作りにも役立ち、起業前からテストマーケティングができる点でもメリットがあります。

もし、何かを作って販売するような物販タイプの起業を考えている場合や、社会や地域の課題解決につながるビジネスを考えている場合、クラウドファンディングはとても使いやすいでしょう。リターンの商品は、ある意味〝予約販売〟となりますから、どれくらいのニーズがあるのかを判断できるうえ、スポンサーは見込み客やファンということになります。

長年IT企業で経理、経営補佐、人事などの仕事に携わっていた栗原智子さんは、歌舞伎が好きで、歌舞伎をテーマにした飲食店を開業するのに、クラウドファンディングを利用しました。リターンは、オリジナルの枡・手ぬぐいやお店の食事券にしたそうです。

その結果、スポンサーは140人を超え、予想以上の資金調達を達成しました。これは歌舞伎好きの人たちの心をつかんだ成果ですので、このスポンサー達が来店することが見込め、オープン前から繁盛が約束されたのも同然です。

このように、起業家にとってメリットが大きいこともあり、弊社がクラウドファンディングに関するセミナーを行うと、数カ月前から予約が埋まるほど関心が高いです。資金調達は選択肢の幅がどんどん広がっています。自己資金だけにこだわらず、いろいろ探してみましょう。

起業の4ステップ

さあ、資金面でめどが立つと、起業がいよいよ現実に近づいたと感じるのではないでしょうか。始動時にやることとして、4つのステップを紹介します。

①宣伝

多くの人に知ってもらうために、どんどん宣伝していきましょう。というと、TVや新聞にお金をかけて取り上げてもらう広告宣伝活動などを思い浮かべる方が多いと思います。しかし、一人で起業する場合は広告費をかけるより、経営者自ら顧客に対して直接アプローチする方が効果的です。

宣伝方法はいろいろありますが、まずはあまり難しく考えず、名刺や会社案内、チラシなどを有効活用しましょう。チラシを見せることで、名刺交換のときに相手により強く印象づけることができます。またホームページでも多くの人に会社の概要やサービスの詳しい内容を伝えられます。ホームページのほか、ブログやメールマガジンなどを活用する方法も考えてみましょう。

また、顧客へのアプローチは計画性をもって行い、効果を高めましょう。第一段階は、近所や知り合いにチラシを配ったりポスティングを行ったり、テレアポや交流会・展示会への参加などで見込み客を集めます。最初は少額の費用でできる範囲からスタートし、結果が出たものには段階的にコストをかけて、効果的なアプローチ方法に投資することが大事です。

②見込み客のリスト化

アプローチした際に、反応があった人を見込み客としてリスト化します。見込み客には、すぐに自社の商品やサービスを購入しなくても、欲しくなったときに思い出してもらえるように定期的に連絡し、長期的な関係を構築していきます。見込み客がリスト化されていないと、毎回ゼロからの集客になってしまうため、事業が安定しません。

またリストの中で、商品を買ったりサービスを受けてくれる見込みが高い人にはテレアポや営業に行きましょう。

見込みがまだ薄いと感じる人には、メールマガジンの配信、年賀状や暑中見舞い、会報誌の送付などで働きかけます。このように、リスト化することで見込み客をステージごとに区別し、濃度をつけて関係性を保つのに役立ちます。

③ブランド化

商品・サービスのブランディングも忘れずに。新しく商品やサービス名を考えたら、商標登録をおすすめします。法人を設立する前に個人としての登録も可能です。商標を用いて宣伝することで、顧客からの「安心」「信頼」が高まり、自社の商品が市場で他社商品とはっきり区別されます。

商標には、文字、図形、記号、立体的形状などのタイプがあります。文字のほか、ロゴなども登録できます。特許庁に商標登録をすると商標権が発生し、自社が独占的に使用し、他社に「類似のものを使わないでください」と言えます。逆に、もし商標登録をしないまま使用し、他社が商標を登録してしまった場合、他社の商標権を侵害する可能性があります。商標は、「特許情報プラットフォーム」というサイトで、無料で簡単に検索することができます。

④いよいよ起業

起業の手続きですが、個人事業主なら、税務署へ開業届出書を提出しましょう。法人設立の場合は、法務局に登記申請を行います。

また、個人事業主の事業年度は1月から始まり12月で締めることになっていますが、法人の場合は自由に決めることができます。法人を設立した月から事業年度が始まり、翌年の設立月の前月までとする会社が多いです。例えば3月10日に設立すると、3月1日から翌年2月末までの事業年度にするということです。

起業のタイミング、事業をたたむタイミング

起業のタイミングは人それぞれです。どれが正解というわけではありませんが、「起業に必要な人脈や知識にめどがついた」「助成金に受かった」「事業計画書が完成した」「家族の理解が得られた」といったことをきっかけにする人が多いよ

うです。
他にも、年齢的な節目、有利な早期退職制度を活用した退職時期であったり、子供の独立、住宅ローンの完済などを起業のタイミングにする方もいます。

ある50代の男性の相談例では、会社員時代に地方移住支援のビジネスを考え、会社を辞めて早く起業した方がよいのか、定年まで勤めた方が有利なのか悩んでいました。そこでアドバイスし、資金面を強化するために助成金を申請、さらに採択もされました。行政の助成金に採択されることは、専門家からこれは実現可能性が高いと太鼓判を押されたようなものですから、退職する決心もつきやすくなります。

男性の場合、すでに人脈や経験はありましたから、体力のある50代で起業することは大きなメリットでもありました。そこで、家族と今後の家計について話し合ってもらい、少し時間はかかりましたが、早期退職し、その翌月に会社を立ち上げました。

一方、シニア起業の場合、起業のタイミングを考えるのに合わせて、「事業のたたみ方」も考えておきたいものです。なぜなら、「働けるうちはずっと働きたい」と考えていても、だんだん体力は落ちていくため、いずれ「事業譲渡」もしくは「廃業」を選択する時期が訪れるからです。

これまで私が見てきた撤退のタイミングは、何歳になったら廃業すると年齢で決めたり、後継者との引き継ぎのタイミングであったり、3年赤字が続いたら撤退するといったお金を目安にする人もいます。ちなみに、お金を撤退のタイミングにする場合、赤字が続いても、やりがいや働きがい、自己実現を理由に事業を継続する方もいます。あくまでもセカンドライフを充実させることが重要ですので、自分に合ったタイミングを考えておきましょう。

いずれ事業譲渡を考えているなら、引き継ぎ計画を周囲にも伝えておきましょう。「次はこういった方への事業譲渡を考えている」「このような形で引き継ぎを考えている」と事前に話しておけば、パートナーや取引先にも安心感を持ってもらえます。引き継ぐことを意識していたら、後継者に渡す会社資料やデータなども事前に揃えておけるでしょう。また、法人化しておくと譲りやすくなりますので、事業の形態を決めるときに考慮する材料になります。

事業の引き継ぎは、子供や従業員に譲渡するパターンが多いです。事業を引き継ぐなら、どのタイミングで事業を引き継ぐか、話し合っておくことが大切です。同業他社に譲ろうと考えている場合は、「買い取り」してもらうことを検討してもいいと思います。

第7章

シニア起業は行政が応援している！

返済不要な助成金

起業時は何かとお金が必要になります。資金が必要な場合、まず「どこからお金を借りようか」と考える方がいますが、その時に検討していただきたいのが国や地方公共団体が実施している返済不要な「助成金・補助金（以下、助成金）」です。

助成金は、起業家や中小企業が利用できるもので、要件を満たした場合に国や地方公共団体などから資金が支給されます。助成金は銀行など金融機関からの借り入れとなる融資と違い、返済義務がありません。

交付元は、政府機関であれば厚生労働省や経済産業省、中小企業庁など、独立行政法人であればＪＥＴＲＯ（日本貿易振興機構）、ＮＥＤＯ（新エネルギー・産業技術総合開発機構）などがあります。その他に都道府県や市区町村などの地方自治体でも行っています。

よくお客様から「事務所の机やパソコンなどを助成金で買うことができた」「ホームページ制作にかかった経費の一部が助成された」といった話を聞きます。では、どのような助成金があるのでしょうか。行政は中小企業支援に積極的ですから、助成金も〝星の数ほどある〟と言われるくらいさまざまな種類があります。

行政で助成金のパンフレットをもらったり、助成金交付元のホームページをチェックしたりして調べ、自分に合うものを探してみましょう。

中小企業庁関連では毎年、「中小企業施策利用ガイドブック」を刊行しています。このガイドブックでは、利用者のニーズに合わせて利用できる施策を支援制度別で探すことができます。商工会議所、商工会においてあるほか、中小企業庁のホームページからも入手できます。

また、中小企業を応援するために制作されたサイトを利用しましょう。中小企業庁の関連ホームページ『ミラサポ』(https://www.mirasapo.jp)、独立行政法人中小企業基盤整備機構が運営する中小企業ビジネス支援サイト『J－Net21』の助成制度・公募のページ（http://j-net21.smrj.go.jp/snavi/support）では、さまざまな条件を入力することで、自分に合った助成金を探すことができます。

その他、インターネットで検索する方法もありますが、その場合は検索ワードとして単に「助成金」ではなく、これから経費をかけようと思っているもののキーワードをプラスして検索するとよいでしょう。例えば、ホームページ制作に使いたい場合は「助成金　ホームページ」、展示会を出展するために使いたいのであれば「助成金　展示会」といった具合です。制度の趣旨に合わせて検索することも必要です。例えば「東京都　インバウンド　助成金」などと検索することで、「こんな助成金があったのか」という情報が見つかるかもしれません。

助成金の応募は、一般的に額が大きくなるほど申請書類が多岐にわたり、応募倍率も高いため、難易度が高くなります。一方で、市区町村が実施しているものですと額が少なくなり応募倍率が低く、申請書類の手間や難度がやや下がることもあるので、チャンスかもしれません。

最初から「関係がなさそう」「ハードルが高すぎる」と諦めるのではなく、自分に合った助成金がないか、探してみることをおすすめします。

実際に私の経験を紹介すると、新規事業に関連する助成金を調べているとき、意図せずに「展示会への出展費用を助成します」という案内を見つけました。助成率は2分の1、助成金は上限15万円でした。つまり、展示会への出展費用が30万円の場合、15万円で出展できる計算です。

シニア起業支援サービスが、展示会でどれだけ来場者の興味を惹くか分かりませんでしたが、助成金が出ることで「一度チャレンジしてみよう」と一歩踏み出すことができました。また、助成金の一部で展示会用のチラシやパンフレットを作成することができ、低コストで準備も整いました。

そして出展したところ、予想以上の効果を得ることができたのです。それ以降、毎年のように展示会に出展しています。

このように、助成金を調べることで、新しいビジネスの展開が見つかる可能性もあります。ぜひ、積極的に調べてみてほしいと思います。

創業者が借りやすい低利な融資制度

公的な融資は優遇措置がとられているものが多くあります。低金利で借りやすく、起業家向けのサポート制度を設けるなど、アフターフォローも充実しています。一般的な公的融資には、日本政策金融公庫の融資制度と、地方自治体などで用意されている商工業融資制度の2種類があります。

日本政策金融公庫の融資は「新創業融資制度」といいます。新たに事業を始める人や、事業を開始して税務申告を2期終えていない人が、無担保、無保証人で利用できる融資制度です。

地方自治体の商工業融資は、自治体の斡旋を受けることによって、銀行から低金利などの優遇措置を受けられる制度です。これは各自治体の産業振興関係の部署に問い合わせてください。この融資の金利は1%ほどで、日本政策金融公庫からの融資と同じように公的融資のため低く設定されています。また、利子補給制度や信用保証料補助制度の利用も可能で、申し込みを行う自治体によっては金利が1%以下になる場合もあります。

シニアの起業支援に特化したサポート事業もあります。東京都が2014年5月から行っている事業で「女性・若者・シニア創業サポート事業」という制度です。

女性、若者（39歳以下）、シニア（55歳以上）で、東京都内での創業を考えているか創業後5年未満の方であれば原則として対象となり、融資限度額や返済期間、利率面で好条件の制度です。融資条件として、限度額は1500万円以内

（運転資金のみは750万円以内）、固定金利は1％以内と低金利です。さらに、大きな特徴として、アドバイザーによる経営サポートが無料で最大5年間受けられます。

経営ノウハウや地域ネットワークを持ったアドバイザーが、事業計画のブラッシュアップや事業の継続発展のためにサポートし、融資後1年目に税理士などが決算書作成に関してアドバイスもしてくれます。

クラウドファンディングの手数料も半額に

2017年10月から、東京都は新規事業としてクラウドファンディングを活用した資金調達支援事業をスタートさせました。クラウドファンディングの活用法は第6章で詳しくお伝えしましたが、創業者に人気の高いクラウドファンディングを、より身近に活用できる事業となっています。

この事業は、クラウドファンディングによる資金調達の際、プロジェクトの起案者がクラウドファンディングのサイト運営者に支払う手数料の一部を補助するもの。原則、手数料の半額（1件あたり上限30万円）が補助されます。

さらに電話相談窓口を設置し、入門者向けの情報提供をしています。また、セミナーも開催していますので、本事業が気になる方はセミナーに参加してみるといいでしょう。全て無料ですので、安心して受けることができます。

補助を受けるには、東京都が選定したクラウドファンディング事業者を利用する必要があります。この事業をきっかけにクラウドファンディングがますます普及し、シニア起業の力強いツールになりそうです。

ビジネスプランコンテストに応募しよう！

ビジネスプランコンテストへの応募も、事業内容をブラッシュアップできる良い機会ですので挑戦してみましょう。「高額賞金が出るわけでもないし……」と思われる方がいるかもしれませんが、ビジネスプランコンテストは助成金や融資を受けやすくなる〝最短コース〟でもあります。事業内容を客観的に評価してもらうことができ、受賞すると社会的信用が上がります。コンテスト入賞者は、「しっかりとした事業計画を持っている」と見なされ、資金調達にも差が出てくるのです。

また、コンテストに入賞すると、メディアから取材を受けるなど認知度が高まるメリットも大きいでしょう。民間企業が協賛していることも多く、優れたプランであれば引き合いがあるかもしれません。

ビジネスプランを磨き上げながら、行政や金融機関、メディアなどとの人脈を作れる滅多にないチャンスです。コンテストの後、交流会が行われる場合もあり、出資者や顧客が見つかる可能性もあります。

ビジネスプランコンテストは、近年では民間だけでなく全国の自治体や公益財団法人なども開催しています。コンテストでは選任の審査員がビジネスプランを審査します。各コンテストで審査のポイントは異なりますが、一般的にビジネスプランの実現可能性、継続性、独自性、収益性、社会性、波及効果などが、審査されます。審査は書類選考やプレゼンテーションなどがあり、選考が進むにつれて少しずつ絞り込まれ、数件が受賞するという流れです。

応募はまず事業計画書の提出から始まります。審査基準は事前に公表されていますから、応募前に確認してクリアできるように書類を作りましょう。アドバイスとして、主なポイントを紹介します。

●実現可能性

事業計画が実現できるかどうか確認されます。なぜ自分なら実現できるのかを説明し、審査員を納得させる必要があります。前職での経験や過去に体験したことに基づいた事業であると説得がしやすいです。

●継続性

事業を始めたら続けなければなりません。一人で起業する場合は継続性が心配されるため、手伝ってくれるパートナーがいることを伝えるといいでしょう。もしくは、「売上が一定額に達したら人を雇う予定がある」などと書くのも事業継続に現実味を持たせることができます。

●独自性

他社にはない自社ならではの強みをアピールしてください。「自社が顧客に選ばれる」差別化のポイントを打ち出すことが重要です。

●収益性

利益計画表を作りましょう。毎月の売上から経費を差し引いても、利益が出ることを説明します。最初は赤字でも次第に黒字になり、継続的に利益を確保し続けられるという流れを説明することが大切です。

●社会性

公益性や社会的な課題の解決につながるとより評価が上がります。例えば、最近のキーワードとして「待機児童」「高齢社会」「ワークライフバランス」「介護問題」解決の一助となる、などです。

●波及効果

商品・サービスが一部の地域や年代を超えて広がるポイントを書きましょう。将来的に広がりが期待できる事業計画の方が評価されやすい傾向にあります。

ビジネスプランコンテストの中には、年齢や創業地域などで応募対象者を絞っているものがあります。

例えば神奈川県では、おおむね55歳以上のシニアを対象としたコンテスト『かながわシニア起業家ビジネスグランプリ』を開催しています。シニア起業家やこれから起業に挑戦するシニア向けのビジネスプランコンテストで、2018年度の応募申込件数は109件と多くのビジネスプランが集まりました。このような対象者を絞ったコンテストも上手く活用していくとよいでしょう。

コンサルタントになりたい人は行政を活用して販路開拓！

シニア起業では、自身の経験や人脈を活かした分野でコンサルタントやアドバイザーとして活躍している人が数多くいます。コンサルタントで起業したいと考えているなら、ぜひ登録を考えてほしいのが、関東地方1都6県と新潟、長野、山梨、静岡の各県を管轄する経済産業省 関東経済産業局が設けている「マネジメントメンター登録制度」です。この制度は、定年退職前後の豊富な実務経験や専門知識、人的ネットワークなどを持っている方を「マネジメントメンター」として専門家登録し、中小企業とのマッチングの機会を創るものです。

登録できるのは、長年企業に勤めた後に退職、もしくは退職を予定している人で、①中小企業の特性を理解し、ボランティア精神と協調性がある、②1つの専門分野にほぼ10年程度の経験がある、③おおむね50歳以上、④健康上の支障がなく、反社会的な勢力に属さない人——となっています。

登録するには、関東経済産業局のサイトから登録申請書などを入手し提出します。審査が終わると、マネジメントメンターに登録されます。

登録した方にはマッチングを行う交流会のお知らせと、参加している中小企業がどういう人材のサポートを必要としているかを記したリストが送られてきます。そのリストを見て、自分の知識や経験が活かせそうな案件があると感じたら交流会に申し込み、交流会に参加して中小企業と面談を行います。これは就職の面接ではなく、あくまでも自分の知識とスキルを活用して、今後企業を支援できるかを判断されるための面談です。

企業側のニーズと合えば、顧問契約先獲得のチャンスになります。今後、その会社のマネジメントメンターとして会社を訪問し、アドバイスやコンサルティングを行っていきます。

この制度のよいところは、相手企業のニーズを理解し、自分の得意分野を的確に売り込むプレゼンテーションのトレーニングになることです。いくらコンサルタントになりたいと思っても、相手から相談を受けないとアドバイスはできません。マネジメントメンターは、経済産業省が場を提供しているので、互いに話しやすく、自分の専門知識を存分に活かすことができます。販路開拓として大きく役立つでしょう。

実際に、名刺の肩書にも「経済産業省　関東経済産業局　マネジメントメンター登録中」と書き込んでいる方もいます。初対面の相手への信頼確保に繋がるのではないかと思います。

その他の実績づくりとしては、行政や地方自治体の経営の相談窓口の相談員になるのもひとつの方法です。全国の市区町村には、行政相談委員法に基づき、総務大臣から委嘱された全国約５０００人の行政相談委員がいます。

相談窓口で中小企業の経営相談を行います。相談委員は２～３年おきに交代する年季交代制となっていますので、タイミングが合うのであれば応募してみるのもよいと思います。

このように、行政はシニア起業家を、経験・スキル・人脈等を豊富に持ち、日本経済活力向上の一翼を担うものと期待しています。シニア向けの制度は増加傾向にあり、サポート体制も増えていますので、定期的に自分のニーズに合った制度はないか調べてみることをおすすめします。

おわりに

いまや第二の人生として起業家に転身し、人生100年時代を謳歌しようとしているシニア世代の方は決して少なくはありません。

私はシニア起業を支援する者として、一過性ではなく、その方が事業を続ける限り寄り添い続けたいと思っています。起業に躊躇している方の悩みを聞き、一歩踏み出せるアイデアを一緒に考えたり、なかなか売上が伸びないと苦しんでいる人がいれば、ともに販路拡大や売上アップの方法などを考えます。シニア起業家は一人で起業することが多く、大半が不安を感じているもの。だからこそ、「私がついているので大丈夫」と思ってもらえるようにフォローし、気持ちに寄り添いながら支援することを心掛けています。

これまで多くのシニア起業家と出会ってきました。シニア世代の方は、若者と違い、長い会社員生活から経験や人脈など豊富な起業資源を持っています。しかし、多くの方が自分の強みに気づいていません。「何をやればいいかよくわからない」「自分の持っている情報は古い」などと悩み、慎重になりすぎて前に進めない方がとても多いのです。

そういう方に一歩踏み出すきっかけになればと、本書にこれまでのノウハウをまとめました。「何をやればいいかよくわからない」という方は、これまでの経験を棚卸しし、得意なこと、やりたいことをひとつひとつ洗い出す「自己分析」や、「SWOT分析」を用いてアイデアを具体的なビジネスプランに落とし込む流れを、ぜひ一度行ってほしいと思います。

起業は、さまざまな方と出会い、刺激を受けたり、やりがいと楽しさを得られる選択肢だと思います。私自身も起業して得るものがたくさんありました。また何より、祖母への想いを果たすことができたと思っています。会社を立ち上げてから今まで、シニア世代を元気にすることが私の使命だと思う気持ちは変わっていません。

少子高齢化や人口減少により、これからますます労働人口の大幅な減少が見込まれるでしょう。シニア世代の知識や経験が社会的に求められ、期待されています。

自分の思い描く人生にチャレンジし、より充実したセカンドライフを過ごせるよう、本書が皆さんのお役に立てるとすれば、これ以上の幸せはありません。

参考文献

『「シニア起業」で成功する人・しない人〜定年後は、社会と繋がり、経験を活かす〜』片桐実央、講談社、2013年
『片桐実央の実践！ ゆる起業―シニア起業の成功書―』片桐実央、同友館、2014年
『50歳からの人生がもっと楽しくなる仕事カタログ』片桐実央、マガジンハウス、2016年

●著者プロフィール
片桐実央（かたぎり・みお）
銀座セカンドライフ株式会社 代表取締役。行政書士、1級FP技能士。学習院大学法学部卒業後、花王株式会社 法務・コンプライアンス部門に入社し、会社設立、契約書作成等、法律の専門家として活躍後、大和証券SMBC株式会社 引受審査部に入社。IPO支援を経験した後、祖母の介護をきっかけに、一生を通じて生きがいを感じる充実した生活の実現支援のため、2008年7月に会社を設立。起業支援サービスを含んだレンタルオフィス「アントレサロン」を11店舗運営。創業セミナーの講演は年間100回を超え、毎月150件の起業相談を受ける。著書に『「シニア起業」で成功する人・しない人』(講談社+α新書)ほか多数。

マイナビ新書

好きなことだけして
楽をしながら起業しよう

2018年6月30日　初版第1刷発行

著　者　片桐実央
発行者　滝口直樹
発行所　株式会社マイナビ出版
〒101-0003　東京都千代田区一ツ橋2-6-3　一ツ橋ビル2F
TEL 0480-38-6872（注文専用ダイヤル）
TEL 03-3556-2731（販売部）
TEL 03-3556-2735（編集部）
E-Mail pc-books@mynavi.jp（質問用）
URL http://book.mynavi.jp/

編集　児玉奈保美
装幀　tobufune
DTP　富宗治
印刷・製本　図書印刷株式会社

　ISBN978-4-8399-6683-6

Printed in Japan